日米戦争と戦後日本

五百旗頭 真

講談社学術文庫

目次

日米戦争と戦後日本

序章　日本占領
——勝者と敗者の弁証法

太平洋戦争，降伏調印（戦艦ミズーリ号上）

一つの時代を生み出すことに苦闘している世代は、その時代について評価するいとまを持たない。視界不良のなかで、眼前の障害物を避けること、次の一歩を誤らないことに全神経を集中する。そのくり返しのなかで、戦後日本は半世紀近くを走ってきた感がある。

「戦後」という一つの時代が去ろうとする今、ようやくその時代全体を思い起こす心理的契機を迎えたと言えよう。税制改革に直面して、戦後日本がかくも長く占領下のシャウプ税制に支えられていたことに人々は気づく。新たな国際環境のもとで農業改革が不可避と認識されるに及んで、われわれが占領下の農地改革の遺産をようやく食いつぶしたことを悟る。占領の遺産は日本社会のあらゆる分野に水や空気のように溶け込んでおり、それゆえに日ごろは意識せずにいる。占領が生み出した戦後からの離脱を思った瞬間に、その歴史的役割の大きさに思いを致すことになるのである。

トータルに見て占領は日本に何をもたらしたのか。一九八〇年代初めごろだったか、東南アジアに奇妙な一口話が流行したことがある。経済発展に呻吟《しんぎん》する、ある東南アジアの首相に助言が与えられる。「アメリカに対して宣戦布告するのが、一番の解決策です」「負けるに決まってるじゃないか」と怪訝《けげん》な顔をする首相に対して、「そう、負けてアメリカ軍の占領を受けるんです。アメリカは思い切った非軍事化と民主化、そして経済再建のための占領改革を断行するでしょう。間違いなく日本みたいに発展できます」。

ここには、敗戦をなめながら占領政策をテコに飛躍し、東南アジアへの経済進出をほしいままにする日本へのタメ息とともに、占領という外力による「幸せの強制」を享受し得た日本の僥倖《ぎょうこう》への皮肉が込められている。占領下で苦闘した日本人は、占領政策への不満をあれこれ指折り数えることができる。しかし、枝葉末節を知らずマクロに見る外部の人には、占領が日本人にとって望み得なかったはずの幸運と映る。

同種のジョークは、占領者であったアメリカにも生まれる。「黒船」を率いた提督の末裔《まつえい》であるジョン・ペリー（John Perry）教授は、「今度は日本の番だ。来たりてアメリカを占領せよ」というウィットに富むコラムを、やはり八〇年代前半に『ニューヨーク・タイムズ』紙に書いた。かつてアメリカは占領政策によって日本の旧弊を清算し、戦後日本の発展を可能にした。今度は日本が経済社会の行き詰まりに苦しむ現在のアメリカを占領して、健全で能率的な改革によって甦《よみがえ》らせる労をとってくれてもいいではないか、というわけである。

八〇年代半ばには、この種のジョークが通じないほどにアメリカの対日空気は険しくなった。天文学的な対日貿易赤字は、石油危機以降の両国の経済体質の所産である。しかし苦境が深刻化するアメリカには、占領政策まで遡《さかのぼ》って問題にする気配もないではない。著名なジャーナリスト、セオドア・ホワイト（Theodore H. White）が一九八五年（昭和六十）夏に『ニューヨーク・タイムズ・マガジン』誌に書いた、「日本からの危険」という一文などはその例である。

自分はミズーリ号艦上で膝《ひざ》を屈した日本を目撃した。アメリカの占領政策と援助によって日本が立ち直るのを見た。そのことを忘れたかのように、日本は無遠慮にアメリカ市場を席巻し、それでいて競争に負ける分野は国内を自由化しない。小利口でアンフェアな日本よ、これで済むと思っているのか。そうホワイトは吼《ほ》える。そこにはパックス・アメリカーナの時代が失われてゆくことへのいらだちとともに、日米の経済的立場の逆転が寛大すぎた占領政策にも起因しているという、「裏切られたパトロン」の心理が示されている。

第二次大戦中、敵国日本に甘い措置をとることへの批判はきわめて強かった。しかし、日本が意外と素直に降伏し、しかも戦場の日本兵からは想像もできないほど占領下の日本人が勝者に協力的であることがわかると、その種の批判は潮が退くように消えた。アメリカの関係者は誇らしい思いをもって日本を助け、日本が立ち直るのを占領政策成功の証《あかし》として、自己満足を混じえて眺めた。以後、占領政策への批判といえば、一方でニューディール的改革派が逆コースを難じる観点と、逆に日本の再軍備を禁じた結果、日本に軍事的「ただ乗り」を許すことになったという冷戦進展後の批判の、左右二方向からの、いずれもさして大きくない異論にほぼ限定された。ところが強くなりすぎた日本経済が後退期のアメリカ経済を痛めつけるに至って、戦後日本の再生を支えたことを悔いる思いが芽生えるのである。

もちろん、それはごく一部の邪念にすぎまい。敗れた敵に寛大に手を差し延べることは、人間性の面でも政治的英知の点からも、あと味の悪いものではない。日本占領は、「マーシャル・プラン」とともに、アメリカの充実期における最良の事績の一つと見なされ続けるであろう。その後の日本経済が強くなりすぎたことは、占領政策の誤りというよりは、その成功の皮肉な派生結果であろう。ただ今後の日本が国際経済の攪乱要因であり続けるならば、この種の占領政策批判が頭をもたげることになるかもしれない。

ところで、占領当時、将来の日本経済がアメリカも持て余すほどに強大化すると予期した者がいたであろうか。多くの日本人は打ちひしがれて、飢え死にしないことを課題としており、占領者の側も戦後日本が経済的に存立しうるか否かを問題にしていた。「弱くてもよい、公平で民主的な社会を」と諸改革を断行した。

当の日本は、勝者に対するそのような対応を無意識的・本能的に行ったのか、意図的・自覚的に行ったのか。多分にそれしか手だてのない状況における強がりであったかもしれないが、それは吉田茂《よしだしげる》にとって、ある程度まで意識的な支配者に対する外交戦略でもあった。「負けっぷりをよくする」「戦争で負けて外交で勝った歴史はある」と口ずさんでいた吉田は、連合国最高司令官マッカーサー（Douglas MacArthur）と占領政策が求めれば、自分の望まない改革をも受け入れて協力した。しかし食糧危機の最中には、マッカーサーに「私が総司令官である限り一人の日本人も餓死させない」と言わせることに成功する。吉田は、自らが最も望んでいた経済復興と、敵国としてではなく友好国としての講和とを手にした。

外務省レベルも同じ対応をたどったことが、第七次公開分の外務省資料に示されている。一九四六年一月の政務局メモは、敵国に対する苛酷な条件に陥らざるを得ない早期講和を斥《しりぞ》け、なるべく長く占領を続けてもらい、その間に民主化改革に協力して有利な遅い講和を追求することを説いた。さらに、四七年六月のメモは、「非軍事化こそが日本再建の主要基盤」として、強制と支配を自己実現に転ずる展望を示している（渡辺昭夫論文）。ヘーゲル（Georg W. F. Hegel）の弁証法さながらに、主人と奴隷の逆転が、彼らの夢であった。敗戦日本は、外部から非軍事化と民主化を強制された。日本は速やかに、それを自らの喜びであり自己実現であると感じるようになった。その瞬間から、逆説を好む歴史の女神は、傷ついた敗者を微笑に包み込んだといえよう。

それは、トインビー（Arnold J. Toynbee）の『歴史の研究』から言葉を借りれば「ヘロデ主義」の採用である。強大な外部文明の挑戦を受けた時、熱狂的排外主義（ゼロット）に走って玉砕するのではなく、「耐え難きを耐え」て外部文明を受け入れ、その力の秘密を内側から学びとり自己革新をとげる。それによって外部文明を克服する方途を、日本は古くは大和王朝の時代に中国文明に対して行った経験を持つ。「黒船」以降の近代においては、西洋文明に対して、同じ対応を日本史は実行した。よりドラスティックながら同じ型の対応を、日本は占領下においても実践したのである。

第一章　日米開戦と占領政策の立案

真珠湾攻撃

一　「真珠湾」への軌跡

今から半世紀ほど前の一九四一年（昭和十六）の秋、日本政府は対米戦争を始めるか否かの重大な決断を求められていた。十二月一日の御前会議で、日本政府は最終的にアメリカとの戦争を決定した。すでにこの時、開戦とともに十二月八日に真珠湾に集結しているアメリカ艦隊に奇襲攻撃をかけるため、機動艦隊は北太平洋方面へ出撃していた。もちろんアメリカ艦隊との間の話し合いがつけば帰ってくるということになっていた。

そういう状況を前に、実は九月六日に御前会議を開いて、日本政府はここで事実上対米戦争を決定しようとしていたのである。

「ローズベルトの陰謀論」

歴史好きの人ならご存じだろうが、「ローズベルトの陰謀論」というものがある。

つまり、日本がアメリカに戦争を仕掛けたというが、実はアメリカがやらせたのではないか、という議論である。日本を追い詰めておいて、わざと背中を見せ、突き刺すように仕向けた。太平洋戦争とは、ヨーロッパ戦線でドイツとの戦争に入りたかったローズベルト（Franklin D. Roosevelt）大統領が、日本を挑発し、「裏口から」第二次世界大戦に入ろうとした陰謀であるというこの議論は、アメリカの学者にとっては意味がある。

　というのは、アメリカには中立主義、孤立主義の伝統があって、第二次大戦においても中立を守ろうという約束事があった。ローズベルトは三選をかけた一九四〇年の大統領選挙において、「攻撃されぬ限り戦争はしない」と公約している。

　アメリカの大統領は二期八年が不文律であり、八年でみんな降りる。ところがローズベルトのみは、第二次大戦下という世界的危機のもとで、彼の例外的な力量もあって一九四〇年十一月に空前の三選、そして四四年十一月には四選まで果たしている。アメリカ国民は、大戦期に「川の途中で馬を乗り換える」ことを避けたのである。その三選を果たす時、ローズベルトは選挙戦が煮詰まったところで国民に、みなさんの子どもたちを海を越えて戦争に送りはしない、と言い

F.D. ローズベルト

切っていたのである。

では、ヨーロッパをナチス・ドイツの蹂躙《じゅうりん》にまかせ、アジアを日本軍国主義の刃《やいば》にまかせていいのか。ローズベルトは、世界のためにもアメリカのためにも、それはよくないと思っていた。

ローズベルトは三選を果たすまで、イギリスへの援助を強化する以外は、公的には慎重な態度をとり続けた。しかし三選後、彼は「炉辺談話」と呼ばれる年末のラジオ放送を行い、アメリカが「民主主義の大兵器工場」になると宣言した（四〇年十二月二十九日）。四一年三月には、ドイツと戦っている国々を援助するための武器貸与法を成立させた。これによってアメリカは、参戦を否定しながらも物質的に大戦における一方の側を支える主要な勢力となった。

またローズベルトは、大戦を遂行するための理念的な旗（シンボル）を提示することにも意を注いだ。チャーチル（Winston S. Churchill）英首相とともに、四一年八月に声明した「大西洋憲章」では、諸国民に自由、平等、平和を保障する新世界を築くことを訴えている。また、同年六月二十二日の独ソ戦開始後はソ連とも関係を強め、ドイツを包囲する「大同盟」を形成して、外交的多数派工作の中心を占めた。こうしてアメリカは、精神面と戦時外交の面でも、事実上、連合国側の中心勢力をなしていた。

しかし、それだけでは解決にはならない。やはりアメリカが自ら参戦するしかない、とローズベルトは心中思っていた。そのギャップを埋めるために陰謀によって日本に戦争を仕掛けさせたのではないか、とアメリカの孤立主義の伝統に立つ人、あるいは反軍平和主義、内政革新を重視する歴史家がローズベルトを批判する。これが、いわゆる「ローズベルトの陰謀論」である。

ところが困ったことに、日本の論者でこの説に飛びつく人は、日本は何も悪くなかった、ローズベルトの陰謀で戦争が始まったのだから、加害者はローズベルト政権であって日本は被害者だ、と言いたそうに見える。これは非常に具合が悪い。というのは、それでは日本外交は愚かでいい、ということになってしまう。たとえローズベルトが日本を追い詰めておいて背中を見せたとしても、ナイフで突き刺すことが外交として賢明なことなのかどうかという反省が、そこには全く見られない。

およそ殺人事件において、ナイフを突き刺した人間が被害者であり、刺された人が加害者であるという判例はかつて一例もない。心中を思いやればまことに同情すべきものがあると、情状酌量がなされることはあっても、被害者と加害者が逆転するという裁判は一つもない。ところがこれが政治論になると、「白馬は馬に非ず」的な、無茶苦茶な議論が横行する。そして、そういう議論をもてあそぶことによって、日本の政治や外交の質を悪くしてしまう。

日本外交には、もっとしっかりしてもらわなくては困る。今後は、これまでのようにただアメリカの後ろにくっついていさえすればいい、という時代ではない。戦後は大体において、米ソ両極体制の中で西側の一員として、船団護衛の中の一隻として後ろからついていけばよかった。日本外交に選択の余地は乏しかった。ところがこれからは、アメリカとの関係もまた、一つ間違えば命にかかわるという状況にある。

そういう時代における外交的な質を高く保つことは容易でない。政治・外交に必要な資質とは何かと言えば、「総合」である。たとえば経済学なら、非常に理論化される。それは胃の腑《ふ》のメカニズムと消化器系統の問題である。その局面に限ると、非常に体系だった説明ができる。

ところが、政治というのはなかなかそれができない。どうしてかといえば、政治は顔であり、政治史というのは顔の表情の変化であって、そこには体全体のすべての要素が表れる。彼がぐーっと顔をしかめた。なぜか。それは昨日から何も食べてなくて、胃が痛んだのかもしれない。小指にトゲが刺さったのかもしれない。あるいは身体的な理由は何もなくて精神的な理由、たとえば彼女と心ならずも言い争って失恋したことを思い出したのかもしれない。すべてが顔に表れてくる。政治とはそういうものである。

それだけに精緻な理論化、体系化はできない。あまりにも大きいがゆえに、総合的センスが必要となる。総合的センスがなければ、日本の政治・外交は決してよくならない。ローズベルトが陰謀で仕掛けたのだから日本は悪くない、などという議論をしているようでは、これからの国際社会ではやっていけない。

絶望から戦争を始めた国

それはともかく、九月六日の御前会議で日本政府・軍部が合意した原案として提出したのは、「対米〔英蘭〕戦争を辞せざる決意の下に概《おおむ》ね十月下旬を目途とし戦争準備を完整す」、それと並行して「外交の手段を尽」くすが、「十月上旬頃に至るも尚《なお》我要求を貫徹し得る目途なき場合に於《おい》ては直ちに対米〔英蘭〕開戦を決意す」というものであった（「帝国国策遂行要領」）。すなわち、軍事の準備と外交の両方を進めるという両論併記ではあっても、外交には十月上旬までというリミットがついており、事実上の開戦決意にほかならない。

日本政府はなぜそんなものを認めたのか。認めたのは総理大臣近衛《このえ》文麿《ふみまろ》であった。

近衛首相は近衛家というやんごとなき家柄に生まれ、立場の異なるすべての人の期待を集めていた。彼は現状打破と新秩序を求めていたが、アメリカとの戦争は望まなかった。ではその彼がなぜ軍部の要求を受け入れたかというと、実は彼はある虚脱感に陥っていた。心理的なスキといってもいい。

それ以前に日本は、満州事変（一九三一年九月十八日開始）や日中戦争（三七年七月七日開始）を起こし、華北工作だとか内蒙古への謀略工作だとか、軍事力をもてあそんでいた。私はよく、日本帝国がなぜ滅んだかといえば、それは弱さではなく強さゆえに滅んだのだと言う。戦前の日本帝国の最大の強みは軍事力だった。軍事力が弱かったからアメリカに負けたというのはその通りだが、一面ではそうではない。当時の日本の国力から考えて、軍事力は異常に強かった。

一点豪華主義という言葉がある。日本帝国はその一点豪華主義のように軍事力ばかりを強くしており、その強さのゆえに滅んだのだった。強さを築いた軍部という部分をコントロールできなくなり、政治ができなくなったのである。総合性、全体性がなくなった。手段であるべきナイフをもつ腕が、そればかり鍛えに鍛えられて大きくなり、それが一人で動き出した時に頭脳のコントロールがきかなくなる。自分で自分を止められない、腕が勝手に動き出して人を刺すという状況になった。

黒船来航（一八五三年）でガーンと衝撃を受け、甘いことを言っていては弱肉強食の帝国主義社会で食い荒らされる、という危機感の中で近代日本は軍事力を強くしてきた。日清・日露の戦いに勝てたおかげで生き延びられ、アジアにおける最初の近代的帝国を築いた。しかしながら、やがて強くなった腕が一人で動き出す。満州事変以後の日本の歴史は、まさにそうであった。

日中戦争が三年も続くという蓄積の果てに、第二次近衛内閣はヨーロッパ西部戦線におけるドイツの電撃戦のめざましい成功に動かされて、四〇年九月二十七日、日独伊三国同盟に調印した。さらに第三次近衛内閣は、翌四一年七月二十八日、南部仏印進駐に踏み切った。ドイツがオランダを打ち破り、フランスを打ち破る。すると、蘭領東インド（現在のインドネシア）や仏領インドシナが無主の地になる。仏印はフランス本国の親独ヴィシー政権が引き継いだけれども、チャンスである、ここをアメリカに押さえられては大変だと勝手な心配をし、日本が先に押さえようとする。とりわけインドネシアには石油資源もある、というので南進論に傾いたのである。

それに対してアメリカ政府は七月二十三日、日本の仏印進駐は日米交渉の基礎を消滅させるものだと警告し、さらに進駐が明らかになった二十五日夜には在米日本資産を凍結するという厳しい対応を示した。しかし近衛首相は、軍部に対して弱気を見せまいとした。

近衛は絶大な人気を得、右からも左からも、みんなから期待されていた。信じがたいほどの国民的人気があって、軍部の強硬派からも、軍部を抑えようとする穏健派からも支持されていた。けれども近衛自身は、その人気がどれほどはかないものかを知っていた。

自分には確固たる基盤がない。軍事機構を握っているわけでもなければ、官僚機構を押さえているわけでもない。良識派の支持があるといっても霞《かすみ》のようなものだし、移ろいやすい人気を失ったら自分には何もない、という弱さの意識があった。

そういう近衛が打ち出した対応策の一つが、まず強気で軍部の要求を政府が先取りする、すなわち強硬策で成功を収め、威信を高めたうえで軍部を統御する、という「先手論」であった。そういう術策で対応しようとする近衛には、南部仏印進駐を決めたあとにアメリカから警告が来たからといって、止めようとは言えなかった。何だ、やっぱり貴族は腰抜けだ、と言われたくない。そこで、決めたことは決めたことだと七月二十八日、南部仏印進駐を実行する。やったところが、アメリカの対応は言葉だけの警告ではなかった。

アメリカ政府は八月一日、追い打ちをかけるように綿と食料を除いた、石油を含むいっさいの対日輸出全面停止という決定的な制裁措置をとった。日本は命綱を締め上げられたわけである。

日本はアジアの強者として侵略をくり返していたけれども、石油はアメリカから輸入していた。また、軍需産業は発達していたけれども、そのための機械もアメリカから多く輸入していた。当時の日本は、石油などの資源のみならず、機械など技術についてもアメリカに依存していたのである。

そのアメリカから石油を止められる。当時の日本の石油備蓄は二年分であり、戦争になれば一年か一年半しかもたなかった。合理的に考えれば、日本はアメリカとの戦争などできる状態にはなく、アメリカが厳しく対応してくれば屈服するほかなかった。失礼しました、私の行動に問題がありました、と公衆の前であやまらないまでも、中国から徐々に軍隊を撤退させ、それとなく三国同盟の死文化を計るというのが、おそらく唯一のまっとうな対応であっただろう。

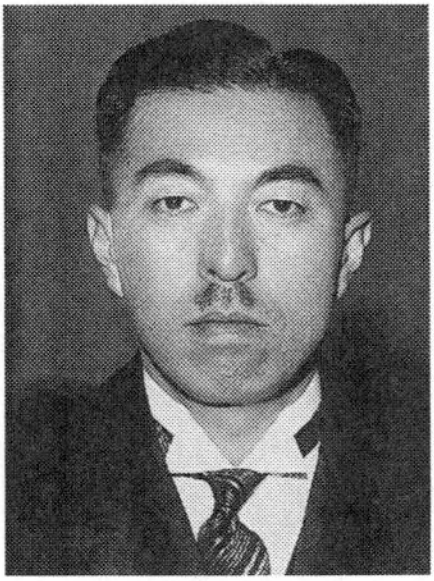
近衛文麿

しかし、結局日本が選んだのは、窮鼠《きゆうそ》猫を噛《か》む、東条英機《とうじようひでき》陸軍大臣の言葉で言えば「清水の舞台から飛び降りる覚悟」での対米開戦という道であった。

日本政府は、グローバルな国際関係の推移のなかで戦況を評価する能力を失っていた。四〇年九月末、イギリス本土上空の戦いでイギリスのしぶとい防御によってドイツが勝てないことが明らかになりつつある時に三国同盟を結び、アメリカが物心両面で戦争の中心勢力としての役割を強めるなかで南部仏印進駐を強行し、そしてドイツ軍がモスクワ前面で挫折《ざせつ》した四一年十二月初めに対米戦争を開始したのである。

アメリカ政府にはこれが信じられなかった。アメリカ政府は、日本政府といえども合理的に計算し、それに基づいて行動するものだと思っていた。悪いことでも得をするならやるかもしれないが、負けるのに戦《いくさ》を始めるはずがないと合理的に考えていた。

ただ駐日米大使として日本に十年も滞在していたジョセフ・グルー(Joseph C. Grew)は、日本人の気持ちがわかっていたのであろう、ワシントンに対して、日本をあまり追い詰めてはいけない、絶望的な心境のなかで「民族的ハラキリ」とも言うべき自殺的戦争を敢行しかねないと警告している。彼はすでに四一年の初め、真珠湾攻撃の噂《うわさ》があるということも打電していた。しかしワシントンのアメリカ政府は、グルーの情報と意見を一笑に付した。グルーは、電報ではもどかしいので部下をワシントンに送って、直接意見させた。だが、駄目だった。

「歴史上、絶望から戦争を始めた国の名を、一つでもあったらあげてみよ」と、極東政策に関する国務省の重鎮であるホーンベック（Stanley K. Hornbeck）政治顧問は、十一月中旬、東京の大使館からやってきた若手外交官エマーソン（John K. Emmerson）に反問し、一蹴《いっしゅう》している。

勝てないとわかっていて戦争を始める国がどこにあるか。精神状態のおかしい暴漢ならともかく、国家の責任者、最高指導者ともなれば、そんな無分別なことはできないはずだ。なるほど日本は侵略をくり返した悪魔である。しかし、悪魔には悪魔なりの計算があるはずだ。悪魔は賢い。だから日本は、われわれが甘い顔をして石油を輸出してやるというと、つけこむ。アジア侵略をしているけれども、われわれが石油を提供しなければ、したくてもそれはできない。止《や》めるに決まっている。日本が力の現実を計算できる以上、敗北の明らかな戦争を始めるはずはない、というのがアメリカ政府の基本的な考え方であった。

頂上会談に望みをたくして

しかし日本は、軍部を中心にグルー大使が警告した方向に動こうとしていた。遅ればせながら近衛は、ことここに至って事態の重大さを認識し、珍しくまなじりを決してローズベルト大統領との頂上会談を提議する。今度は本気だと、この時ばかりは日ごろ優柔不断な近衛とは思えないほど気迫がこもっていた。お国のためなら自分は殺されてもいい、というほどの覚悟をもって、彼はローズベルト大統領との頂上会談に臨もうとしたのである。

　幸いローズベルト大統領も好意的な反応を示してくれた。私はその提案に興味があると、彼は野《の》村《むら》吉三郎《きちさぶろう》駐米大使に伝える。場所としてはアラスカのジュノーあたりがいいかな、と実現しそうな雰囲気であった。近衛は、ぎりぎりの土壇場で破局を食い止められるという希望を持った。

　ところがローズベルト大統領の好意的なジェスチャーにもかかわらず、アメリカ政府はそうはしなかったのである。ハル（Cordell Hull）国務長官やホーンベックが、日本の行動の一つ一つを厳しく査定していた。そして、アメリカとして受け入れられる条件は何か、アメリカがイギリスや中国などの友好国を説得できる条件はどこまでか、といったことを綿密に数え上げていた。

　もしローズベルト大統領が近衛首相に会ったなら、日本がこれまでとってきた行動のすべてを黙認することになる。あからさまな承認とまではいかなくとも、これまでの侵略の既成事実を了解したという政治的効果を持つ。だから、大統領は近衛に会ってはならない。大統領が近衛に会うというのであれば、最低限かねてアメリカ政府が要求している「四原則」（あらゆる国家の領土保全と主権尊重、内政不干渉、通商機会均等、平和的手段以外での太平洋の現状不変更）に日本が同意したうえでなければならない、とハル国務長官はローズベルト大統領を諌《いさ》めた。

ローズベルト大統領にすれば、まだアメリカにはドイツ、日本の両国と戦う準備ができていない。あと半年あれば工業生産力がフル回転になり、両国を相手にできるだけの準備が整うだろう。それまでの間、日本を眠らせておく必要がある。そのためなら近衛に一度会ってもいいではないか、という観点に立っていた。しかしローズベルトは、結局ハル国務長官の進言をいれて、九月三日、野村大使を招致して回答する。それは、頂上会談に原則的同意を表しながらも、会談前の基本問題での同意を条件としたものであった。

頂上会談で腹をわって話し合えさえすれば、と考えていた近衛は、思惑が外れて落胆する。珍しくまなじりを決していただけに、会談がつぶれたに等しくなったあとの虚脱感は大きかった。その虚脱感を突くようにして東条陸相が、日米交渉が実らぬ場合、十月下旬を目途に開戦準備を行うという先の陸軍案を近衛首相に呑《の》ませてしまう。たがの外れた近衛には、もはや抵抗する気力もなかった。そして九月六日の御前会議を迎えたわけである。

御前会議——機会喪失の名人

五日午後、近衛から閣議決定案の内奏を受けた昭和天皇は、露骨に不快を表明した。「計画の事項書の順序が少し変である。何故外交的交渉が先におかれていないか」と下問し、さらに作戦上の疑問もさしはさんで、怒りを示したのである。そこで木戸《きど》幸一《こういち》内大臣は、陸海軍両総長を宮中に召して、天皇から質問のかたちで注意を喚起してもらうよう手配した。

夕方六時、陸軍参謀本部総長杉山元《すぎやまはじめ》と海軍軍令部総長永野修身《ながのおさみ》が、近衛首相とともに天皇のもとにやってくる。その杉山総長に対して天皇が質問を始める。

天皇「日米に事起こらば、陸軍としてはどれくらいの期間に片づける確信があるか」

杉山「南方方面だけは三カ月で片づけるつもりであります」

天皇「汝は支那事変（日中戦争）勃発当時の陸相であるが、当時、事変は一カ月位で片づく、と申したことを記憶している。然《しか》るに四カ年の永きに亙《わた》って、未だに片づかぬではないか」

杉山「支那は奥地が開けていて、予定通り作戦できませんでした」

天皇〔励声して叱責さる〕「支那の奥地が広いというなら、太平洋はもっと広いではないか。如何なる確信があって三カ月と申すか」

杉山〔低頭して奉答しえず、永野代って助け船ふうの釈明をなす〕

天皇「統帥部は今日のところ外交に重点をおく趣旨と解するが、その通りか」

杉山、永野「その通りであります」

（参謀本部編『杉山メモ』、田中寛次郎編『近衛文麿手記』、木戸の口述書による）


天皇にそう叱責されたものの、すでに政府決定したことだというので、翌九月六日午前十時、予定どおり御前会議が開かれることになった。

しかし天皇は、木戸内大臣に対して御前会議開催の二十分前に、その日の会議では自ら質問したい、との意向を表明したのである。木戸内大臣は困った。

木戸は、天皇が御前会議でその種の発言をして軍部とやりあったらどうなるか、と心配した。軍部を抑えられるかもしれない、しかしそれは危険である。それは天皇が政治抗争の一方の当事者になることを意味する。神聖不可侵の権威を捨てて、地に降りて軍部ととっくみあいをすることになる。一度や二度は成功するかもしれない。しかしそれを始めれば、人間のやることだから間違うことも出てくる。そうなると、神聖にして不可侵の絶対の権威としてふるまうことはできなくなる。陸軍として許せぬ、耐えがたいとなれば、陸軍が天皇から実力で権力を奪うことだってありうるだろう。天皇がそのような生身の当事者として降りてこないことこそが、天皇制の続く所以である、と彼は考えていた。

そこで木戸は、「御疑問の重要なる点は原枢相に於て質問すべき筈なれば、陛下としては最後に今回の決定は国運を賭しての戦争ともなるべき重大なる決定なれば、統帥部に於ても外交工作の成功を齎《もたら》すべく全幅の協力をなすべしとの意味の御警告を被遊《あそばせらるる》ことが最も可然《しかるべき》か」(『木戸日記』)と答えて、反対したのであった。

御前会議では、政府・軍部の原案説明に対して、木戸内大臣との事前の打ち合わせに従って、原嘉道《はらよしみち》枢密院議長が天皇に代わって批判した。「議案を通覧するに、……戦争が主で外交が従であるかの如く見える。しかし〔議案の真意は〕……今日はどこまでも外交的打開につとめ、それでも行かぬ時は戦争をやらねばならぬ、その意と思う〔が如何〕」

杉山がこれに答えようとしたが、及川古志郎《おいかわこしろう》海軍大臣が起立して「起案の趣旨は原議長の所見と同一である。……第一項の戦争準備と第二項の外交とは軽重はない。而して第三項……を決意するのは廟議《びょうぎ》で〔ありその上で〕允裁《いんさい》を頂くこととなる」と官僚的答弁をくり返す。しかし重い雰囲気で、発言も途絶えがちである。

その時、天皇が口を切った。「唯今の原の質問はもっともである。統帥部は何故答えぬのか」と大声で叱咤し、さらに懐から明治天皇が日露戦争を前に平和を望んで嘆じた歌「四方《よも》の海　みなはらから《同胞》と思ふ世に　など波風のたちさわぐらむ」を記した紙片を取り出して読み上げ、「余はつねにこの御製《ぎょせい》を拝誦して、故大帝の平和愛好の御精神を紹述《しょうじゅつ》せんと努めおるものである」と言い切った。口を開くだけでも異例な天皇が、政府と軍部が用意した方針を批判したのだから、会議は音を失って、異様な雰囲気につつまれた。

ここで首相の近衛がこの稀有《けう》の心理的契機をとらえて、このような異例のお言葉を賜り、恐懼《きょうく》の極みである。かくなる上は持ち帰り、白紙還元して再検討したい、と宣言すれば、だれも反対できないところであった。しかし彼は、いつに変わらぬ機会喪失の名人ぶりを示す。大事なところでいつもチャンスを逃し、あとで取り返そうとする。しかしその時には、もう間に合わないのが普通であった。ここでも彼は、ただ

「未曾有《みぞう》の緊張裡に散会した」のであった（『太平洋戦争への道』別巻「資料編」、『近衛文麿手記』、『杉山メモ』上、防衛庁防衛研修所戦史室『大本營陸軍部』2）。

そのため、この御前会議の評価をめぐって近衛があとで東条と議論しても、もはや時機を逸していた。決定はただ延期され、十月十六日、行き詰まった近衛は内閣を投げ出した。そして十八日、東条英機が陸軍大臣・内務大臣兼任で首相となり、十二月一日、開戦の決定が行われたのである。しかしこの間、十月下旬に信じられないようなことが起こった。

駐日米大使へのリーク

現在、グルーの日記がハーバード大学のホートン図書館に保存されている。その十月二十五日の項には、最高機密であったはずの御前会議の模様を、グルーが知ったことが記されている。

今日、日本政府の最高指導層と接触のある信頼すべき日本人情報提供者が私に面会を求めてきた。彼によれば、近衛内閣総辞職以前に御前会議があり、その席で天皇は軍の指導者たちに対し、対米不戦の政策の確認を求めた。陸海軍の指導者はそれに答えなかった。すると天皇は、祖父の明治天皇が追求した進歩的政策に言及して、自分の意向に従うことを陸海軍に命ずる異例の発言を行った――

と、九月六日の御前会議の内情をこの日本人が告げたことが記されている。そして、

近衛はこのたび総辞職し、東条自身が組閣した。しかし、天皇は東条に対して、これまでのいきさつにとらわれず、対米協調を旨として憲法の条草をよく守り、行っていくように、という注意を与え、それを条件として東条の組閣を認めた。東条が現役大将のまま首相となったのは、陸軍を効果的に統制しつつ日米交渉を成功裡にまとめるためである。

だから、軍の代表者が首班になったからといって、アメリカとの対決姿勢を意味すると思わないでほしい。どうかアメリカ政府としては日本との交渉に見切りをつけず、東条内閣とも誠実に交渉をお続けいただきたい――

東条英機

というのが情報提供者の依頼であった。

御前会議から五十日を経た十月二十五日時点での駐日米大使へのリークが、だれによって、どのような経緯からなされたのか。グルーは外交官として秘密に心をくだき、その人に迷惑をかけないようにしている。私はアメリカでグルーの家族にも秘書であった人にも会って聞いてみたが、彼はだれにも告げていない。また日記にもその名を伏せている。

日米関係が戦争と平和の間のとがった稜線《りょうせん》をきわどく歩む当時の状況において、日本政府の奥深くでなされた会議の最高機密を、ほかならぬアメリカ大使にもらすことは、国家反逆罪に相当する。忠実な公僕や、節度ある親米家にできることではない。第一に日本政府内の高度な情報に通じ、第二に常軌を逸した大胆な行動をとる蛮勇に恵まれ、第三にグルーとの間に格別に親密な関係を持つという三条件を満たしうる人物でなければならない。

「グルー文書」に収められている当時のグルーの面会リストや日誌から見て、牧野伸《まきののぶ》顕《あき》を通じて高度な情報に接しうる立場にある、吉田茂ではないかとも思われたが、さらなる調査の結果、樺山愛輔《かばやまあいすけ》が東郷茂徳《とうごうしげのり》外相の意を受けてグルー大使にコンタクトしたことが明らかとなった。

　東郷外相は公的なアメリカ大使との会見とは別に、グルーと親交のある樺山愛輔を大使への個人的密使としたのである。樺山を通して、公式には口にできない政府と宮中の内情まで打ち明け、日米戦争回避努力への大使の協力を求めたのである。氷の塊のように非妥協的なアメリカ政府の態度を何とか融解させようとの東郷外相の必死の努力の一コマだったわけである。

　東郷外相の主たる意図が、東条内閣へのアメリカ側の希望をつなぎ止め、アメリカ側の強硬な対日姿勢によって、戦争回避の可能性を根絶せしめぬことにあったことは、明瞭である。このリークが、グルー大使に天皇の平和志向につき確信をいだかせ、少なくともしばらくの間、東条内閣へ望みを残したことは間違いないであろう。けれども、アメリカ政府の態度を軟化させることにいささかも役立たなかった。ワシントンは、日本における軍部支配と軍部の戦争意思について疑いを懐《いだ》いていなかった。グルー大使が天皇の政府の平和志向を信じるとすれば、ワシントンにあってそれは失笑とため息の対象であった。

　ところが開戦後、アメリカが占領政策立案を進める中で、この情報が意味を持ってくる。グルーは帰米後、この秘話を知日派の知人たちや政府内の人々に語ったのみならず、講演や放送、さらには一九四四年に刊行した『滞日十年』においても紹介した。戦争中、アメリカ国務省内では戦後日本をどう作り変えるかという対日占領政策が研究された。それに加わった人たちはこのグルー情報を重視した。グルー自身が知日派グループのパトロン的な立場にもあった。知日派にとってこの情報は、天皇の平和志向の根拠となった。そしてそれを強調するあまり、開戦の決定は天皇の知らないところでなされたとか、天皇の自由を奪うかたちでなされたとかいった、過度に好意的な解釈も一部ではもたれるようになったのである。

破局

十一月二十六日、アメリカ政府は「ハル・ノート」という非常に厳しい通牒《つうちょう》を打ち返してきた。それは中国からの全日本軍の撤退や、三国同盟の破棄など、満州事変前後の状態に戻せというに等しい、当時の日本としてはとうてい受け入れられない外交的屈伏の必要を示唆したものであった。

実は米国政府内でも、戦争準備がまだ不十分であることを考慮して、三ヵ月か半年間の平和を保つため、日本の提案に応じて暫定協定案を結ぶことが、ハル国務長官の下で検討された。その線で、ハルはワシントンで関係各国の大使に了解を求めた。それは重慶の国民政府にも伝えられ、悲鳴に近い反発が打ち返された。

　米国が日本の外交暗号を解読していたことはよく知られている。ところが二〇〇一年、日本も米国、英国、中国などの外交暗号を解読し利用していたことが、簑原俊洋氏（神戸大学助教授）らの研究で明らかとなった。東郷外相はこうした外電を暗号解読を通じて見て、米国が暫定協定に応ずることへの期待を持った。それだけに「ハル・ノート」を見た外相は、眼もくらむほどの衝撃を受け、戦争回避への希望を完全に失ってしまったのではないかと簑原氏は解している。

　十二月一日午後の御前会議では、それまで対米開戦を回避しようとしてきた東郷茂徳外務大臣も、「此上交渉を持続するも我が主張を充分に貫徹することは殆ど不可能と云ふの外なしと申さなければなりませぬ」と認めるに至った（『太平洋戦争への道』別巻「資料編」）。そういう中で政府・軍部が一致して、対米〔英蘭〕開戦決意をあらためて決定した。

　天皇は、もはや一言も発しなかった。だから対米開戦は、天皇が自由を拘束された状態で軍部が勝手にやったことではなかった。天皇は戦争に反対であり、一度は異例の抵抗を試みた。しかし最終的には、事態がここまで来た以上は仕方がないと天皇も認めたのであって、このあたりの天皇の責任問題は大変に微妙である。

かくて十二月八日、真珠湾攻撃が敢行されたが、前述のようにその数日前には、同盟国ドイツはモスクワ前面で敗退し、冬将軍にこごえる運命を迎えようとしていた。

十五年戦争期の日本は、めまぐるしいほどに能動的に対外行動を重ねた。しかし能動的たろうとするなかで、冷静な観察や慎重さ、受け身の知恵などの利点を失ってい た。勇壮に見える決断も、実は国際情勢のなかで合理的な日本外交を求めたのではなく、政府内の事情から押し切られるかたちで生まれたものが多かった。日本自身が満州事変以来の十年をかけて積み上げた、粗暴な行動の蓄積の重荷から抜け出せなくなっていた。外交的な誤りや失敗のあと、最後の大戦争にさまよい込んだのである。

二　戦後計画に着手

燃え上がるアメリカ国民

一九四一年（昭和十六）十二月八日、真珠湾攻撃がなされた。アメリカ国民は燃え上がった。日本陸軍の中には、アメリカは長期の総力戦には耐えられないだろうという希望的観測もあった。文明が惰弱になっているアメリカ人には、厳しい総力戦は絶対に耐えられない。だからわれわれが断固たる決意をもって、精神を統一して総力戦を挑むならば、アメリカはきっと妥協するだろう、などと大まじめに語る者もいた。

ところがアメリカ人は、日ごろは生活をエンジョイしているけれども、いったんこうと決心すると大変な馬力を持っている。国家的危機においては、ものすごい力を発揮する。なかなか怒らないけれど、怒ると怖い。満州事変から真珠湾攻撃に至る十年間、アメリカからは日本に戦争を仕掛けなかった。日本が仕掛けて初めて燃え上がっている。

アメリカは、自然の濠《ほり》といえる大西洋と太平洋の二つの大洋によって、ヨーロッパともアジアとも隔てられている。また、歴史上三百年も世界一強力であったイギリス艦隊を、一八一四年以降は英米不文の同盟によって味方にしており、だれも脅かせるものはなかった。だから、真珠湾攻撃によって初めて外国から侵略を受けたに等しかった。

日本が真珠湾を攻撃した翌日、ローズベルト大統領は上下両院の合同会議に臨んで、対日宣戦布告とは言わず、われわれはすでに日本と戦争状態（state of war）にある、と宣言した。議員は総起立で拍手する。その中でローズベルトは、日本の真珠湾攻撃に対して道徳的非難を行った。

アメリカ人は国際政治の泥沼の中で生活していないから、ヨーロッパ人のようにはすれておらず、道義的に議論することを好む。だから'unfair'という言葉などはものすごくきつい意味を持っている。また、巷で'You are a liar'と言おうものなら、殴り合いのけんかをする覚悟がいる。そのアメリカでローズベルトは、日本が外交を続けるふりをしながら、実はとっくに奇襲攻撃の作戦を開始するという、考え抜いた卑劣な騙《だま》し討《う》ち攻撃を行ったのだ、と日本を非難して、アメリカ国民の対日戦意を高揚させたのである。

しかし日本には、そう言われても仕方のない点があった。東京から在米日本大使館への外交関係断絶通告の暗号電文は、おそらく意図的に、ぎりぎりまで遅らされた。そして大使館でも暗号の解読、タイプ打ちに手間取って、野村大使と来栖《くるす》三郎《さぶろう》特使の両大使がハル国務長官に覚書を手交したのは、真珠湾攻撃開始の一時間後であった。

こうしてアメリカ国民は燃え上がり、太平洋戦線へ志願する若者が多数にのぼった。日本の近代化とはプロシャ的軍国主義化であり、日本人は好戦的な、裏切りをしながら戦争をせずにおれない連中である。「唯一の良きジャップとは死んだジャップである」という言い草が、普通に通るようになったのである。

ただちに戦後計画に着手

アメリカ政府はローズベルト大統領の指導のもとで、きわめて早い時期に戦後計画にとりかかった。一九三九年九月一日に第二次大戦がヨーロッパで始まると、アメリカがまだ参戦していないにもかかわらず、ハル国務長官は国務省内に対外関係諮問委員会（第一次諮問委員会）を設け、ひそかに戦後世界のあり方についての研究開始を命じている（詳細については、拙著『米国の日本占領政策』参照）。

戦争に直面すると、将軍たちは前の戦争の経験に基づいて作戦を立て、外交官は前の講和を思い起こして戦後処理を考えると言われる。アメリカ政府は、第一次大戦

（一九一四―一八年）の経験から歴史の教訓を引き出そうとした。わずか二十余年にして再度の大戦を招いてしまった一因が前大戦の講和にあったと考えて、その失敗をくり返すまいとした。

何よりも反省されたのは、前大戦時に戦後計画が不充分だったことであった。当時ウィルソン（Woodrow Wilson）大統領は、平和のための国際機構をはじめとして、新世界のための諸原則を提唱したが、それを具体化する方策や世界各地についての各論は充分に練られてはいなかった。そこで、第二次大戦が始まるとアメリカ政府は、今度こそ平和の続く世界を築こうと、早くから充分な時間をかけて、あらゆる問題について対応できるような戦後計画を作ろうとした。

日本の暴発によってアメリカ政府は、孤立主義者の非難を受けることなく、戦争と戦後計画に全力を注ぐことができるようになった。四二年の元日には、「大西洋憲章」を戦争目的として採択する、米・英・ソ・中の四国を筆頭とする「連合国共同宣言」が調印された。それは、米英側の国際的多数派工作の成功を象徴するものだった。三国同盟を結んだ枢軸側は、大局的に見れば「世界を敵とする戦争」に陥った。いわば社会の敵たる無法者三人組のようなかたちとなり、これでは個々の戦闘では勝てることはあっても、大きな戦争全体に勝利することは望めない組み合わせである。

対日宣戦布告とともにアメリカ政府は、戦後計画のために本格的な態勢をとった。ハル国務長官を長とする戦後対外政策に関する諮問委員会（Advisory Committee on Post-War Foreign Policy. 以下、第二次諮問委員会）を新たに作り（一九四二年二月）、四一年一月に創設されていた国務省内の特別調査部（Division of Special Research＝略号ＳＲ）を拡充して、戦後世界のあらゆる問題を検討するために、民間からも大量の専門家を集めた。

そのなかの小さな機関として四二年夏に「極東班」（Far Eastern Group）が組織され、日本に関する研究と討議が開始された。そして、極東問題の権威であったジョージ・ブレイクスリー（George H. Blakeslee）博士と、日本史の専門家であったヒュー・ボートン（Hugh Borton）助教授の二人の知日派がここに招かれ、対日占領政策の立案を推進することになったのである。

当時、日本はまだ勝った勝ったと大騒ぎしていた。プリンス・オブ・ウェールズ撃沈（四一年十二月十日）、シンガポール陥落（四二年二月十五日）と、南方へ進出しており、日本帝国が最大版図《はんと》を示していた時期であった。

若き日本専門家の国務省入り

当時コロンビア大学の若き助教授であったボートンは、私が何十時間もインタビューすることになった一九七七年から七九年には、すでに引退してマサチューセッツ州コンウェイの牧場に悠々自適《ゆうゆうじてき》の暮らしをしていた。彼によると、真珠湾攻撃の翌日から彼のオフィスは電話が鳴りっぱなしだったという。彼のような日本専門家に対しての嫌がらせの電話かと思ったら、日本について勉強したいからぜひうちに教えに来てくれという、民間あるいは陸海軍からの依頼であった。なかでも海軍が熱心で、これから日本に対する軍政官を養成しなければいけない。しかし、本当に日本を知っている者がいなくて困っている。日本語すらもできない。これではとても軍政官は務まらないので、ぜひ日本軍政のための学校の専任になってくれと、熱心な依頼がくる。

この辺がアメリカの懐の深さである。敵国のことだからと拒絶反応を起こし、知識があるだけで、つきあいがあるだけで白い目で見る日本とはまったく違う。敵国であれ何であれ、まず知識を持たなければいけないという健全なプラグマティズムがある。

当時、アメリカの学者で本物の日本専門家と言える人は、エドウィン・ライシャワー（Edwin O. Reischauer）、ボートン、ファーズ（Charles B. Fahs）、ロバート・ホール（Robert B. Hall）など五人ほどにすぎなかった。外交官で日本語が自由な専門家も、ドーマン（Eugene H. Dooman）、バランタイン（Joseph W. Ballantine）など、同じく五人ほどであった。グルー大使やブレイクスリー博士は日本語ができなかった。学界、外交界あわせて十人そこそこであり、彼らへの要請がすごかったのである。

　ライシャワーは陸軍で対日情報分析などをしていたし、ファーズはOSSという情報機関に入るというふうに、彼らは日本専門家という稀少価値のある特殊技能をもって、次々に戦時の任務についていった。しかし、クエーカー教徒であり反戦を信条とする平和主義者のボートンは、軍務を潔しとはしなかった。彼は三ヵ月間、海軍の学校に日本政治について教えに行ったものの、自らは海軍には入らなかった。そうしてためらっているうちに一九四二年の夏を迎えた。

H. ボートン
（写真提供＝共同通信社）

　六月十五日、国務省特別調査部から戦後日本の再建、占領政策の立案に専門家として加わってもらえないかと要請があった。ボートンは、これこそ自分が待ち望んでいたものだと十月十九日、ワシントンに赴いて対日占領政策立案の中心的存在となった。

ボートンを含めてアメリカの日本専門家は、真珠湾攻撃があった途端に、これで日本の運命は決まった、日本は壊滅する、と見ていた。戦いが始まった以上、アメリカは途中でやめたりしない。たとえば西部劇を思い浮かべるとわかる。無法者のガンマンがやってきて悪辣《あくらつ》の限りを尽くす。シェリフか正義のガンマンが撃ち殺すか縛り首にして平和が戻り、そこで終わる。アメリカ人には、戦争と平和を明確に区分し、戦争になった以上、中途半端な妥協はしないという、単純な戦争観がある。

日本やドイツという無法者が現れて世界の平和を乱したために、われわれは平和な経済生活を中断しなければならない。そうして戦争を始めた以上、最後の止《とど》めを刺すまでとことん戦う。それがローズベルト大統領による、「無条件降伏」を求めるという方針の底にあった国民感情であった。泥棒にも三分の理ありで、外交的には犯罪者を死刑にするような決着はあり得ないし、あるべきではない。ところがアメリカ人は伝統的な西部劇的戦争観を持っており、敵が無条件降伏するまで戦いを終えはしない。

ボートンはクリーブランドでのある会議で、「ハル・ノート」の意味を討論していた時に真珠湾攻撃の報を聞いた。会議を終えて、窓の外に走り去る家々の灯を見ながら、夜行列車でニューヨークに向かう彼の心は重かった。日本の指導者は、何という間違いをしたことか。アメリカ国民は団結し、その途方もない資源をもって日本を壊滅せずにはおかないであろう。

彼は日本専門家として、東大に留学していたし、日本が好きだった。とくに、雪舟の絵や京都、奈良の寺が好きであった。百済観音や、華美でない簡潔な線で描かれた山水画などの日本の美に感銘を受けていた。そして、日米のために自分は何をなしうるだろうかと考えていた。

幸いにも、彼自身が対日占領政策の立案に携わることになった。だが、世論は圧倒的に厳しい。日本を「無条件降伏」させ、徹底的に破壊し、作り変えようという対日処罰論がローズベルト大統領の意向であり、同時に国民の圧倒的な意向であった。

しかしアメリカ政府は、そうした対日処罰論に立つ人物を対日政策立案のメンバーに選ばず、むしろ日本に対して甘すぎると思われるボートンら知日派を立案の中心に据えた。なぜか。それは、彼らが日本を内側から知っているからであった。日本で生活した経験があり、日本語を読み書きでき、話せる。つまり、日本の内側の生の資料から日本問題を考えられる。そういう専門家としての資格から、アメリカ政府は人選した。

そういう専門家でなければ、日本再建などできるわけがない。ボートンらは日本に甘すぎるかもしれない。しかし、大事なのは立場よりも内容である。専門家がアメリカ政府の方針を決定するわけではない。方針を決めるのはアメリカ政府の高官であり議会であって、彼らはその下で、その方針に従って具体案を書くだけだから、いいではないか。

ところが、「原案起草権」というのは大きい。ある問題について政策形成過程に影響力を持とうと思うなら、まず原案を書くことである。組織内において、他者の原案に対して批判を加えて修正することは意外に難しいもので、あまりやりすぎると人間関係悪化という負債を背負うことになる。とりわけ、下部の実務レベルの役人にとって原案起草権に優る武器はない。この原案起草権が知日派に与えられたということが、のちに大きな意味を持つことになる。

三　六つの日本処理案

日本——処罰か再建か

激しい総力戦のさなかに作られる敵国への政策が、厳しくならないはずがない。よくマスメディアが犠牲者の遺族の悲痛と怒りを映し出し、加害者を極悪非道《ごくあくひどう》の者として報道することがある。加害者側は何も言えなくなり、だれもかばう発言はできなくなる。総力戦状況とは、それが国民的規模で集団ヒステリーを発した姿だと思えばいい。当然ながら、アメリカの敵国に対する方針は厳しかった。

ローズベルト大統領は、この国民的気運に形を与えた。一九四三年（昭和十八）一月のカサブランカ会議の終わりに、「ドイツ、イタリア、日本の無条件降伏」を声明した。この三国を完全に軍事的に敗北させ、無力化して、戦後の国際政治における発言権を奪う。他方、勝利する米・英・ソなどの大国は世界管理にあたる。つまり、ローズベルト大統領は、上下軸に沿った戦後秩序を考えた。普通の国々の上に「大国」を、下に「侵略した国々」を置く、垂直的なシステムを示した。その枠組みで考える以上、日本には厳しい処罰的平和、ハード・ピースが課されることになる。

ところが偉大な大統領ローズベルトは、なかなか一筋縄ではいかない人で、先に触れた「大西洋憲章」は香り高い普遍主義的理念を語り、諸国民の自決と平等をとくに強調した。

それは、勝者の領土的野心を否定し、人民の意思に沿った領土処理を行い、各国に政体選択の自由を与えること、ブロック経済が大戦の原因になったことにかんがみ貿易の機会をすべての国に与えること、さらに平和維持のため新しいシステムを築くこと、などを謳《うた》っていた。

ここでは、各国の原料入手の機会に付けられた、「国の大小を問わず、勝者と敗者を問わず」との修飾句に象徴される平等的・水平的な原理が強調されている。この方針が適用されるとすれば、予定される敗者日本も、かなりの配慮を与えられる可能性があった。

国務省内で原案起草権を与えられた知日派は、この普遍主義的原則を好んだ。この連合国の国際的公約に沿って、日本の実情に即した穏当な平和を結び、戦後の日米間に友好関係を再建したいと、知日派は考えた。

このように、アメリカ政府内には対抗する二つの立場があった。一つは、日本に対して厳しい運命の鉄槌《てっつい》を下そうとする、大統領以下、圧倒的多数の「無条件降伏」派であり、もう一つは、「大西洋憲章」に示された水平的原理に沿って日本の再建を計ろうとする知日派の立場だった。

非常に大雑把に言うと、このように二つの対極的立場が争っていたが、具体的に対日占領政策を作る段階になると、意見分布はもう少し複雑になる。一九四五年段階のアメリカ政府文書を検討してみると、六つの対日処理案があったことがわかる。

一九四三年三月、国務省の第二次諮問委員会を支える小委員会として領土小委員会(Subcommittee on Territorial Problems＝略号TS)が活動を開始した。議長を務めたのは、ジョンズ・ホプキンズ大学の学長であるイザヤ・ボーマン(Isaiah Bowman)という地理学者だった。この人は「預言者イザヤ」という名を頂戴するほどに個性の強い、自信家だった。領土小委員会は、対日政治方針について最も長い時間をかけ、激しい討論を行った。そしてここでの議論のなかで、対日戦後政策として六つの処理案が現れてきた。その議事録から、六つの立場が、二つか三つに整理される過程を見ておきたい。

六つの日本処理案

最も極端なものは、〈国家壊滅・民族奴隷化論〉だった。日本は存在する限り悪をなすから、国家を壊滅して民族を奴隷化しなければだめだという議論で、戦争中これを支持するアメリカ国民は決して少なくはなかった。世論調査を見ると、大体三、四割もいたことがわかる。しかし政府高官は、さすがに「文明と人道」を語るアメリカが、そんなカルタゴの絶滅のようなことはできないと考えた。

それから〈隔離・放置論〉があった。「日本国民の地球上からの抹殺」というカルタゴ的処断が許されない以上、日本を国際社会から隔離する以外に方法はない。幸いにも、ヨーロッパ社会と不可分に結び合わされたドイツとは違って、日本は島国であり「他国民と緊密な関係を必ずしも持たない孤立した集団」である。それゆえ、日本を「隔離」することは比較的容易であり、それによって他国が打撃を受けることもない、と説いたのは、中国派の極東専門家ホーンベック顧問であった。

長くアメリカの極東政策の守護神をもって任じてきたホーンベックであったが、この意見に追随する者はほとんどいなかった。貿易なしで日本が養っていけるのは、せいぜい徳川末期の三千万の人口であり、「隔離」はあとの四千万に死ねと言うに等しい、と他のメンバーから批判されることになる。

最も強い筋道になったのは、〈介入変革論〉だった。「無条件降伏」によって日本を無力化するというローズベルト大統領の方針を受け止めて、長期にわたる占領管理を行い、日本国内の「誤れる思想の絶滅」をはかる、というものであった。教育も変えなければいけないし、思想も変えなければいけない。アメリカが直接介入して、憲法から社会制度まで、侵略戦争を許容するような要素をすべて取り除いて、民主的で平和な社会に作り変えるという手荒な方針であった。

この〈介入変革論〉は、領土小委員会では、アメリカで最も権威ある外交雑誌『フォーリン・アフェアーズ』(Foreign Affairs) の編集長であるアームストロング (Hamilton F. Armstrong) らによって、熱心に説かれた。彼らはアメリカ的共和制を軸とする民主主義を普遍的価値と考えて、その日本への直接的適用を求め、とりわけ旧体制のシンボルたる天皇制の廃止を強く求める立場をとった。

しかし、一九〇七年（明治四十）の第二回ハーグ国際平和会議において結ばれた陸戦に関する規約第四十三条は、絶対の必要がない限り、占領者は現地の制度・法令を変えてはならない、と規定している。いかなる国も、長い歴史のなかでは、占領することもあればされることもある。そのたびに相手の法制を改廃したのでは、結局お互いのためにならない。したがって一時的な勝者であるにすぎない占領者は、相手国の根本的な国内制度には手をつけない、軍事的必要のある限りにおいて暫定的措置をとるにとどめるべきだ、というわけである。そうした国際法の発展に対して、〈介入変革論〉は明らかに逆行するものであった。とはいえ、これが総力戦下において、国民の圧倒的多数から支持される立場だったことは、世論調査にも示されていた。

対極的な位置に〈日本帝国の温存論〉があった。将来、アジアにおいて中国やソ連が強くなる。中国やソ連に対する対抗力として、日本帝国を弱体化させすぎずに温存しておいた方がよい。日本帝国を取り去ると、戦後のアジアはかえって難しくなるのではないか、という考え方であり、アジアにおけるパワーバランスを重視する立場である。

ただし、これは公的には口にできないものであった。ローズベルト政権は、中国やソ連と協力して戦後秩序を作ることを公的立場とし、カイロ会談（一九四三年十一月二十二―二十六日）やテヘラン会談（四三年十一月二十八―十二月一日）で厳かに誓い合っていた。協力すべき大国を敵視するようなこの考え方は、口にすれば政治的犯罪と見なされかねなかった。

他方、バランタインやブレイクスリーなどの知日派、そしてボーマン議長が展開したのは、〈介入慎重論〉という立場であった。これは天皇制をふくむ日本の現行制度

対日占領政策の輪郭図

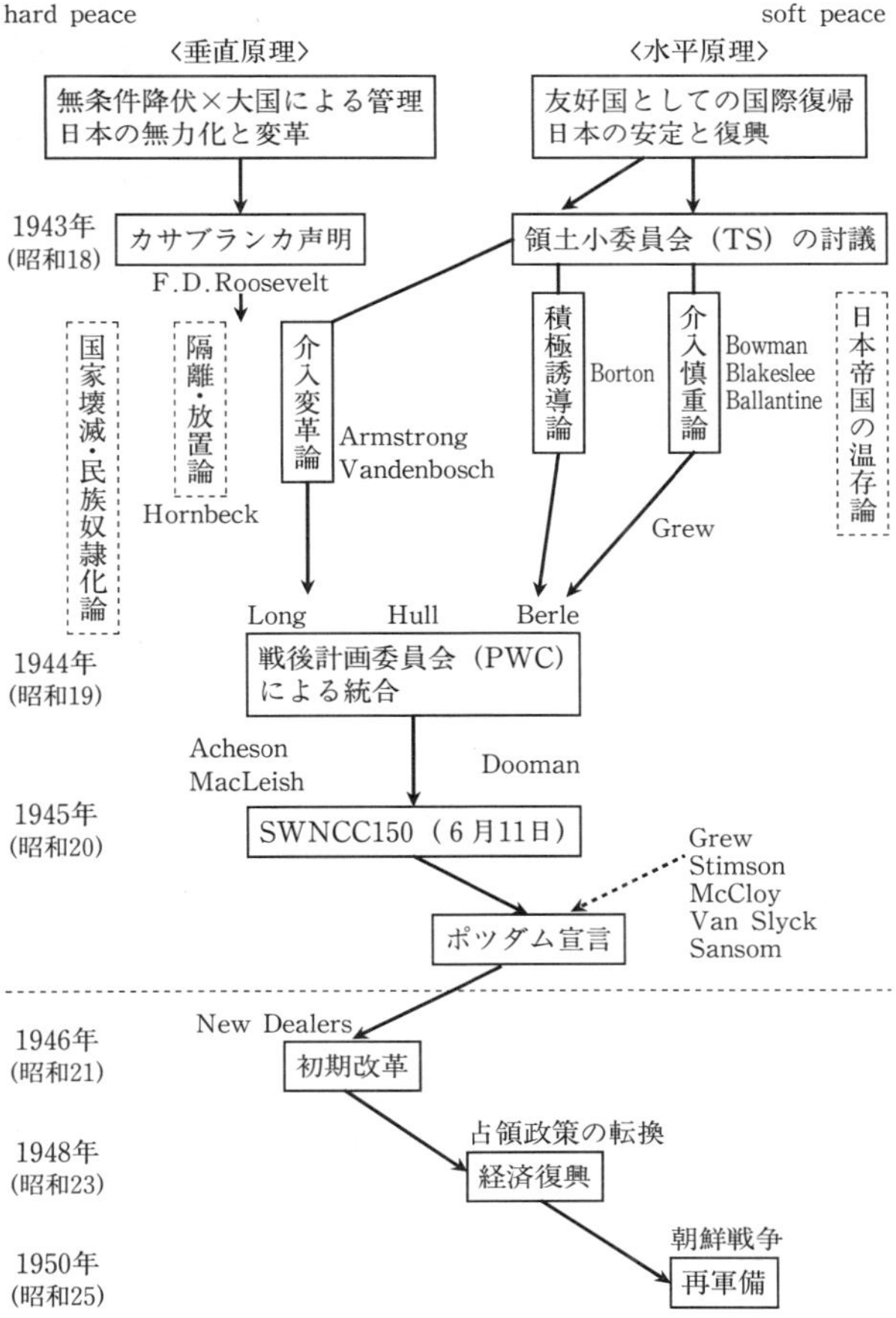
hard peace
soft peace
〈垂直原理〉
〈水平原理〉
無条件降伏×大国による管理
日本の無力化と変革
友好国としての国際復帰
日本の安定と復興
1943年
(昭和18)
カサブランカ声明
F.D.Roosevelt
領土小委員会（TS）の討議
国家壊滅・民族奴隷化論
隔離・放置論
Hornbeck
介入変革論
Armstrong
Vandenbosch
積極誘導論
Borton
介入慎重論
Bowman
Blakeslee
Ballantine
日本帝国の温存論
Grew
Long
Hull
Berle
1944年
(昭和19)
戦後計画委員会（PWC）による統合
Acheson
MacLeish
Dooman
1945年
(昭和20)
SWNCC150（6月11日）
Grew
Stimson
McCloy
Van Slyck
Sansom
ポツダム宣言
New Dealers
1946年
(昭和21)
初期改革
占領政策の転換
1948年
(昭和23)
経済復興
朝鮮戦争
1950年
(昭和25)
再軍備

を尊重しようとする立場だった。

バランタイン極東部長は、アメリカが日本の内政を管理する必要はないと考えていた。長い日本経験を持つバランタインは領土小委員会のメンバーに、次のように自信に満ちて言い切った。

——日本の穏健派にわれわれの目的を告げ、どのような政治を行えばアメリカの信頼と敬意を受けることができるかを知らせれば充分だ。穏健な日本指導層がわれわれの考え方を支持することを、私はあなたがたに保証する。アメリカが日本の制度を作り変えたり、ああせよこうせよと命令することは好ましくない。外部から強制されたものは、結局、長期的には定着し得ない。終局目標と必要な改革の大筋を示して、あとの細目は日本人にまかせればよい。自由主義的な日本指導者をわれわれの代理人とすることによって、直接介入することなく、アメリカは対日目的を達成することができる。

ボーマン議長は、格別の日本知識は持ち合わせていなかった。しかし彼は視野の広い地理学者であり、また政治文化の異質性と多様性を重視する国際派の老リベラリストだった。彼から見ると、アメリカが独善的な楽天性と全能の幻想に酔って、日本を根本的に作り変える企てを始めては危ないと思えた。

彼は「自分は、アメリカ国民と政府が、長期にわたって毎年毎年日本の内政に介入し、一貫した政策をとりつづける能力を持っているとは、あまり確信を持つことができない。……バランタイン氏の限定的な計画が、われわれの望みうるせいぜいのところではなかろうか」と述べ、「多くをなそうと試みすぎなければ、われわれはよりよく成功することができよう」と諭した。彼は、日本をアメリカの思いどおりに作り変えることではなく、「受けいれうる隣人」とすることを目的とすべきだと、バランタインらの立場を強力に支持した。

それぞれの国にはそれぞれの身の丈に合った政治制度というものがあり、多様であっていい。もちろん自由で民主的な社会であってほしい。しかし、民主主義がアメリカ側の譲れない要求だとしても、その民主主義のあり方については、アメリカのような共和制もあるし、イギリスのような君主制もある。共和制であれ君主制であれ、それが民主的な人権を尊重する社会であればいいではないか、というのがボーマン議長や知日派の立場であった。

バランタインは、明治憲法の改正の必要すらない、と言い切った。彼は、明治憲法は「どのような政体にも適合するほどに漠然としている」ので、憲法改正を試みなくても、日本の政治権力の中心的担い手を変更すればそれですむと説いた。憲法を「改正」しなくても、「運用」によってよい政治は行える、という立場であった。

そして、〈介入変革論〉と〈介入慎重論〉の真ん中に位置するものとして〈積極誘導論〉があった。それは、厳密な意味で唯一の日本専門家であるボートンによって代表されていた。彼の立場は、一言で言えば「自由主義的改革に天皇制のマントを着せる」というものであった。大胆な改革を行うべきである。しかし、それを日本の伝統的権威の名において行わせるのがよい、という立場である。

ボートンは、バランタインとは違って、明治憲法を頂点とする政治制度が日本の軍国主義化を許容した、と考えていた。明治憲法は、軍部の独立した権限を第十一条〈統帥大権〉と第十二条〈編制大権〉において確認した。その結果、軍の代表が内閣の関与を受けることなく、天皇に上奏し決定できることになった。それは近代日本史において外交の二元化を生み出す基盤となった。さらに山県有朋《やまがたありとも》らによって一九〇〇年に確立された軍部大臣〈現役〉武官制は、軍が自らの好まぬ政策を行う内閣を打倒できるようにした。これら軍部の異常な特権こそ、軍部が自由主義的政党政府に挑戦し勝利を得るうえでの主要な武器であった――とボートンは論じた。

バランタインが「運用」によって明治憲法の欠点は克服されるとしたのに対して、近代日本史が軍部の過大な政治的特権に苦しんできた経緯を研究したボートンは、

「軍部が二度と優位を奪えぬよう、日本の国内政治体制は再編成されねばならない」と、根本的な制度変革を主張したのである。

といって彼は、制度改革万能論者ではなかった。彼は〈敗戦の衝撃〉が日本人の政治と人心に甚大な影響を与えること、日本人が西洋から学ぶ根強い伝統を持っていること、日本内部にそれを組織し指導する穏健派が存在すること、したがってアメリカは日本政府に対して手荒な介入と民主主義の強制をなすべきでないこと、等についてバランタインに同意したうえで、広汎な変革を必要と考えていた。ボートンは、基本的な条件を日本政府に示しつつ、日本人自身が変革を行うよう誘導することを最善と考えた。

このように、〈介入慎重論〉に立つバランタインらが社会的安定を、〈積極誘導論〉に立つボートンが自由主義的改革を強調するという差こそあれ、知日派はこぞって、天皇制がアメリカにとって好ましい戦後日本を再建するうえでの貴重な「資産」であることを力説した。それに対して〈介入変革論〉者は、天皇と皇居に対する攻撃をアメリカ政府が手控えていることは許せない、と激しく非難し、日本の真の民主化のためには天皇制に対する「外科手術」的措置が必要だと説いた。

日本における「穏健派」の存在

〈積極誘導論〉に立つにせよ〈介入慎重論〉に立つにせよ、知日派は日本人自身が民主化改革を実行できると評価していた。その大前提をなすのは日本における「穏健派」もしくは「リベラル」(改革派)の存在であった。ボートンは、一九四三年十月に「戦後日本の政治問題」(T三八二)という二十二ページの長いメモを書いて、かなりの数の日本指導者の実名をあげて、「穏健派」の評価を試みている。

彼は「健在の七名の首相経験者のうちに穏健派はわずかである」と述べ、阿部信行《あべのぶゆき》・岡田啓介《おかだけいすけ》・平沼騏一郎《ひらぬまきいちろう》・広田弘毅《ひろたこうき》は、いずれも首相在任中、軍部への抵抗を試みた実績をほとんど持たないとして、簡単に斥けた。

米内光政《よないみつまさ》と近衛文麿については、先の人たちとは区別しながらも、結局は「軍部の要求に屈した」指導者と位置づけた。米内は、日中戦争の終結を主張して国内における「軍事的社会主義」に反対し、かつドイツとの同盟に反対したために失脚した。しかし穏健派としての実績は何ほどもあげることはできなかった、としている。

近衛の場合は複雑で、第一次内閣において日中戦争を開始し、第二次内閣において三国同盟と日ソ中立条約を結んだという在任中の記録は、軍部の計画への追随、もしくは軍部に対する反対のためらいを示している。しかし四一年七月に松岡洋右《まつおかようすけ》外相を内閣から追い出した時、彼が対米戦争を回避するためアメリカとの間の一般的了解を真剣に追求していたことは、否定できない。彼の政治的立場は二面性を帯びている。もし将来、彼が政権につくことがあれば、その政治は彼自身の政治思想というよりも、その時の「状況」と彼の「助言者たち」とによって決まるだろう、とボートンは論じた。

結局、ボートンが積極的な評価を与えた重臣は若槻礼次郎《わかつきれいじろう》のみであった。「彼の最大の業績は、ロンドン海軍軍縮会議（一九三〇年）に全権代表として赴き、国内においてきわめて不人気であった条約案を受諾したことである」。若槻が反軍事的立場の「より一貫した記録を保持している」と称讃《しようさん》し、ただ彼が七十七歳という高齢であることを遺憾とした（ロンドン海軍軍縮会議については、第二章で詳しく述べる）。

軍部勢力にたえず抵抗を試みる「本物の穏健派」は、天皇の側近のうちにより多く見出《みいだ》される、とボートンは説明した。木戸幸一内大臣や松平恒雄《まつだいらつねお》宮内大臣は、あからさまに軍と対決できないにせよ、天皇と穏健でリベラルな政治的見解を共有しているると評価した。またボートンは、陸軍に育った強力な良識派としての宇垣一成《うがきかずしげ》に注目した。宇垣が一九三七年一月に組閣しようとした時も、翌年外相となった時も、陸軍から反対があって激しく争った。すでに七十五歳であるが、強硬な軍事路線に代わる可能性として今も注目しうる、とボートンは記した。

こうした日本の古き穏健派の人々が「将来の改革された政府を指導することは不可能」かもしれない、とボートンは述べ、最後に新指導者たちの登場の可能性を論じた。それは「国際関係や政治学の教授などのインテリゲンチア、あるいは民主主義国における訓練と経験を持つ若い外務官僚」から現れる可能性が最も高く、国際貿易と経済全般に関心を持つ実業家がそれに次ぐと、彼は期待した。「いずれにせよ、戦後日本の状況は、安定した政府を発展させうる穏健な指導力の勃興《ぼっこう》を可能にするとの展望を、十分持つことができる」とボートンは結んだ。

今日の時点で、ボートンによる評価について細かい点ではさまざまな疑念を呈することができるし、また予想が的中しなかったところもある。しかし重要なことは、当時のアメリカ政府内の知日派が、具体的な個人やグループの名を列挙できる程度の知識の裏付けをもって「穏健派」の厳存を説き得た点である。それこそが、アメリカ国民の圧倒的に処罰的な対日世論や「無条件降伏」の最高方針のもとにあっても、彼らが〈積極誘導論〉や〈介入慎重論〉を自信をもって主張し、少なくとも領土小委員会にあっては、そのような意見に市民権を認めさせ得た理由であった。

四　苦闘する知日派

国務省幹部と知日派

領土小委員会においては、勝者が自制し、英知と配慮をもって敵国に自決させるという〈介入慎重論〉が、ボーマンやブレイクスリーら年輩の自由主義者によって説かれ、かなりの勢力を持っていた。西洋的な「議会民主主義の樹立ではなく、他国の権利を尊重する非軍国主義的政府の樹立を、連合国の対日目的とすべきである」というブレイクスリーの言葉が、このグループの立場を要約していた。

討論が進むなかで、両端に位置する〈国家壊滅・民族奴隷化論〉と〈日本帝国温存論〉は、分別を欠く極論として斥けられた。その内側の〈介入慎重論〉と〈隔離・放置論〉も、ともに次第に後退して見当たらなくなった。そして真ん中に位置する〈積極誘導論〉と〈介入変革論〉とが生き残り、両者の対抗と妥協のなかで対日占領政策が詰められることになった。

その仕事を担ったのは、終戦の前年、一九四四年（昭和十九）二月に設けられた、ハル国務長官が主宰する国務省幹部の集まりである「戦後計画委員会」(Commitee on Post-war Programs＝略号ＰＷＣ)であった。四月十四日からＰＷＣは、知日派がつくったプランを集中的に検討して、対日占領政策の原型を作り上げた。

知日派がＰＷＣに提出した原案は、ほぼ〈積極誘導論〉に立ち、六ヵ月程度の軽い占領を考えていた。日本国民が望むなら天皇制を残し、なるたけ天皇と日本政府を用いての占領を行う。日本帝国の解体と非軍事化と民主化は行うが、それが達成されるとともに、日本を国際社会の平等な一員として、差別することなく迎え入れる、としていた。

ところが国務省の幹部たちは、知日派のプランは甘すぎると感じた。六ヵ月？　冗談じゃない。天皇制？　とんでもない。非差別・平等な一員？　顔を洗ってこい。日本の統治機構は侵略戦争を可能にしたシステムであって、有罪である。軍事機構はもちろんのこと、内閣も議会も廃止し、占領開始とともに占領軍が日本政府の最高権力を掌握する。日本政府は廃止して直接統治を行う——といった筋道を、国務省の幹部は求めた。

知日派は懸命に抵抗した。その攻防を、三点に絞って見ておきたい。

まず第一は、「米国の対日戦後目的」(ＰＷＣ一〇八)に関してである。

これを起草したのはブレイクスリーであった。それは、「三　経済的・財政的目的　国際的安全保障上必要な制限の枠内で、また賠償問題を考慮しつつ、日本は非差別の原則にもとづく世界経済の発展に与ることを許され、徐々により高度な生活水準に向うことができる」「五　終局的目的　太平洋地域における平和と安全の条件を高めるため、諸国民の家族のなかでの、完全にして平等なる一員として、友好的な日本を復興することが、米国の終局的な目的である。米国は、日本を含む世界の諸国民が、国内的・国際的生活において、平和と協調と繁栄に向うことを願うものである」と、日本の国際復帰を高らかに謳《うた》っていた。

この経済的目的と終局的目的について、厳しい批判の雨が降った。その先頭に立ったのは、ハル国務長官自身であった。「現在のアメリカ国民が日本に対してあまり同情的でないことにかんがみ、誤解を招くおそれがある。強調すべきは、日本が法を遵守する平和志向の国家に生まれ変るべきことである。日本が事実によって改革された証拠を示すまで、必要最小限の配慮しか与えるべきではない」と断を下したのである。

こうしてブレイクスリー草案はさし戻され、一週間後に修正案（ＰＷＣ一〇八ａ）が提出された。知日派は、占領を三期に区分する三段階論を示して、ＰＷＣの修正要求に応じつつも、その厳しい対日措置に時期的限定を設けようとした。時期的な変化という原理を導入することによって、ＰＷＣの高官たちと知日派自らの多様な主張に、それぞれの位置を与えようとしたといえる。

〔第一期〕領土的・軍事的措置を中心とする降伏条件が仮借なく履行される。海外領土の剝奪《はくだつ》、軍隊の武装解除が実施され、日本は「軍事侵略の避けられぬ報いとして、厳格な占領統治下に置かれる」。

〔第二期〕内政変革が遂行される重要な時期である。日本はひきつづき占領軍政による「緊密な監視」下に置かれるが、同時にそれが「徐々に緩和」される時期でもある。経済活動の再開も進められるが、その速度は日本が「他国と平和的に共存する意欲と能力」をどの程度発揮するかによる。

〔第三期〕占領終結に向かう時期である。その時の様相は「現段階で具体的に決定できない」が、「日本は平和的な諸国家のなかで完全に平等な一員として」国際復帰しうる。

この修正文書は、第三期の日本の国際復帰について「完全に平等な一員」という修飾語が「適切に責任を果していく」と直されるなど、若干の修正が求められたものの、四月二十一日の会議において、好感をもって迎えられ、承認された。

「米国の対日戦後目的」はこのように大幅な修正をこうむったうえで成立した（PWC一〇八b）が、その意義はきわめて大きかった。この文書において初めて、対日占領政策のイメージと戦後日本の進路が明瞭に浮かび上がったと言えるのである。

第二に、論争を通して知日派のディフェンスが成功したのは、日本政府を廃して占領軍が統治するにせよ、日本の現存下部行政機関を利用して統治する（PWC一一二c）という点であった。

知日派は、すべての民主主義国で認められている議会や内閣を廃止するいわれはないと主張したが、PWCは、侵略戦争を担った現存日本政府のすべての主要な機関を占領下で解消し、占領軍が最高権力を掌握するとの筋を貫いた。そこで論点は、下部行政機関の取り扱いに移った。

日本はそれなりに高度に工業化された近代社会であるから、もし直接統治するのであれば、日本語を自由に使いこなせる五十万人の軍政要員を用意していただきたい。それができないなら日本の有能な下部行政官の協力を得るほかはない、と知日派は主張した。

実際には終戦までに五十万人どころか、五千人も養成できなかったし、幹部たちも仕方がないと、既存の下部行政機関の存続は認め、利用することになった。この点は、占領のコスト（費用）とベネフィット（成果）の観点からいって、当然の合理的な決着であるが、日本官僚制のしたたかな生命力を温存する結果となる。

第三は、天皇制の存廃問題に関してであった。

日本の下部行政官の協力を得て、さらに占領政策を成功させるためには、日本国民の協力を得なければいけない。もし天皇制を廃止したり不必要に辱めたりしたら、日本の行政官も国民も、決して占領軍に心を許しはしまい。ゲリラやサボタージュが果てしなく続いて、占領政策は無茶苦茶になるであろう。天皇の実権は奪って結構だ。改革はすべきだし、天皇大権は不必要である。しかし、名目的・儀礼的な天皇の役割は残さなければいけない。日本政府の最高権力を占領軍政が掌握するにせよ、その実施にあたっては天皇の名を用いて行うようにすべきである。そうすれば、日本の行政官や国民は受け入れるであろうし、それをしなければ何事もうまくいかないであろう、と知日派は主張する。

しかし、天皇制についてはこれを壊滅すべしという意見が非常に強く、ＰＷＣは知日派に対して実に四回も文章の修正を命じた。とくに一回目は完全に突き返し、全面破棄を命じたのである。けれども、それに対して知日派は、尋常ならざる抵抗をくり返して退《ひ》かなかった。

四月二十六日の会議の冒頭、バランタインは、ＰＷＣの指示に従って問題を「再検討したが、一人を除いて意見を変える者はいなかった」と、下部の作業委員会として許されるかどうか疑わしい挑戦的な反論意見書（ＰＷＣ一四五）を読み上げた。意見を変える変えないの問題ではなく、国務省の幹部会が指示を出したなら、それに沿って作業するのが下部機関の務めであろう。ところが知日派は、分をわきまえないのか、一人を除いて意見を変える者はいないなどと言い放って、幹部会の考え方が誤っている所以《ゆえん》を説明する意見書を提出したのである。もちろん幹部たちは怒り心頭であった。ロング（Breckinridge Long）次官補などは、日記に憤激のきわみを書き連ねている。

グルーの登場

一九四四年四月二十六日のＰＷＣには、下部作業委員会の日本専門家だけでなく、グルー元大使が出席して、バランタインの声明文を支持し、補強する演説を行った。グルー幹部会が下部委員会の反逆を一蹴できなかったのは、そのためであった。ここでグルーの存在について振り返っておく必要があろう。

十年もの長きにわたって駐日米大使を務め、日本に半年間抑留されたグルーは、四

J.C. グルー

二年八月に野村吉三郎駐米大使と交換されて帰還した。国民的英雄となった彼は、当時国務長官特別補佐官として、席の温まる間がないほどに、全米を飛びまわって講演を重ねていた。演説は当初一年間に二百五十回も行ったといわれ、大変な人気であった。国務省が週一回発行する広報誌『ブレティン』(Bulletin)には、一九四三年中、グルーの演説が大統領よりも国務長官よりもはるかに多く、二十二回も掲載されている。

彼の演説は、当初おきまりの型を踏んでいた。日本国民の全員一致的好戦性、仮借のない侵略意思、誤った戦争目的への恐るべき団結と機械化された軍事力の効率の良さなどを強調して、日本を甘く見てはいけない、労苦に満ちた長期の戦いに対して、アメリカ国民は日本人以上に団結し、犠牲を払う覚悟を新たにせよ、と訴えた。

ところが一九四三年夏、戦争は分水嶺《ぶんすいれい》を越えた。ガダルカナルでの日本軍撤退(四三年二月)のあと、アメリカ軍は怒《ど》濤《とう》のごとく反攻を始め、日本に向かって押し寄せ始めた。勝負あった、というところである。

戦争における最も決定的な勝ち方というのは、初めは防御にまわって相手の攻勢を耐えしのぐ。そして相手の力が伸びきって限界に来た時に、怒濤のごとく押し返す場合である。この時には何者も絶対に止められない。とくに、そういうふうに初めは相手の仕掛けと攻勢に対して受けにまわり、そして充分引きつけたあとで反攻に入った場合には、軍事的にも道義的にも絶対優位である。攻撃には、強いように見えて脆《もろ》さがある。防御の方が、地形を利用して守るという利点もあるし、兵站《へいたん》・補給の利もあり、時間的資源もあるし、さらに国民的世論を味方につけられる。戦いを仕掛けた方は乱暴者と見られ、腕にものをいわせて現状を変えようとする者は反感を買う。初め防御・受けにまわった方が国際的共感と支持を得られる。平和と正義の側に位置しやすい。

まず攻撃されてそのあと反攻する時には、道義的に問題があるとかやりすぎだとかは、だれも言わない。止《とど》めを刺すことの正当性を、だれも疑わない。だから防御から反撃というのが強いという議論を、『戦争論』の著者クラウゼヴィッツ（Karl von Clausewitz）がナポレオン戦争の体験に基づいて書いている。アメリカは、まさにそのかたちをとろうとしていた。

そのようにアメリカの反撃が始まり、対日勝利は時間の問題であるように思われてきた一九四三年中ごろに、グルーは演説の論調を変え始めた。「日本を甘く見てはいけない、日本人以上に団結して戦え」という戦意高揚のための言葉はその後も残るが、それは、どちらかといえば話の枕になってくる。

われわれは勝利するであろう。その日に、今度は戦後処理を誤るべきではない。第一次大戦時に、われわれは誤りを犯した。敗戦国ドイツに対して法外な賠償金を要求した。苛酷な報復主義をとった。それによって平和が来ると勘違いしていた。しかし、実はそのことが再度の戦争を引き起こした。報復をさせずにはおかないような戦後処理は、英知の平和ではない。

大事なことは、われわれが先見の明をもってステイツマンシップを発揮することであり、人間性と英知を見失わないことだ。われわれが「煽情《せんじょう》的好戦主義の熱病」に狂って、今度もまたドイツと日本を徹底的に壊滅させるということをすれば、世界は再び戦乱に巻き込まれるだろう。憎悪は憎悪の応酬を招く。

われわれは勝利するであろう。勝利せねばならぬ。しかしその時、敗者に対して理解をもたなければならぬ。倒れた敵国をなお踏みつけにし足蹴《あしげ》にするのではなく、手を差しのべて再建と国際復帰を助けねばならない。

日本についてわれわれは、「唯一の良きジャップとは死んだジャップである」と、誤ったイメージを持っている。そうではない、軍国主義の支配下でも、日本国内には親米派がおり平和主義者がおり、よき日本人がいることを、私はよく知っている。

グルーはそう言って、具体的な例を滞日十年の経験のなかから語る。日本にも、こまやかな心くばりのできるよき人々が、リベラルが、穏健派がいる。彼らを励ましてやれば、彼ら自身が平和で国際協調的な日本に建て直すであろう。

彼は聴衆の反応から、どこまで言えるか、を感じとろうとした。やはりアメリカ国民も、理を尽くしていえば受けとめる。ジャップを殺せ、ばかりではない。たまたま聴衆に心ある人が多かったのかもしれなかったが、彼はその反応に勇気づけられ、さらに踏み込んでその種の論調を強めていった。

一九四三年十一月二十九日のシカゴでの演説でグルーは、天皇は軍閥ではなくよき日本国民の側にある、といっそう直截《ちょくせつ》に天皇制を擁護した。また、日本の国家神道の問題にもふれた。神道が軍部によって好戦的選民思想と結びつけられ歪曲《わいきょく》されたのは事実であるにせよ、基本的には祖先崇拝を説く土着信仰たるにすぎず、神道が諸悪の根源とはいえない、との見解すら表明したのである。ずっと連続した講演の内容から見れば一歩進んだだけであったが、ここに至って彼は猛然たる非難を浴びることになった。

格下げも意に介さず

年が明けた一九四四年一月七日、左翼的進歩主義の色彩が強い雑誌『アメラシア』が「平和愛好的な日本天皇」という皮肉に満ちた表題の論文を掲載して、グルー演説非難に火をつけた。グルーはその特異な日本体験のなかで、一部支配層、保守的な封建制の遺物である天皇やその一派と癒着《ゆちゃく》しすぎた。そのために判断を狂わせている。われわれアメリカ国民をその一派に売ろうとしている。敵国の民主化改革ではなく、いかがわしい勢力との融和を策している、と非難する。

グルーは『アメラシア』だけでなく、日本へ宣教師として行っていたキリスト教ミッショナリーのグループからも非難を受ける。日本で布教しようとしていて、国教化された神道によって圧迫を受けた経験を持つキリスト教宣教師たちにとっては、とりわけグルーが神道を「資産」と評価したことが許せなかった。

さらには『ニューヨーク・タイムズ』紙までが、グルー演説を問題にした。二月二日付の同紙社説は、さすがに冷静な国際主義の視点から、グルー演説に一定の評価を与えた。たとえば、報復感情に狂うことなく、ステイツマンシップをもって、日本をも経済国家として国際社会に復帰させるべきこと、現時点で天皇に対して攻撃を加えることが得策でないと説いていることについては、グルーを支持した。

ただし、神道と天皇ヒロヒトに関するグルーの見解には問題がある。戦前の日本が不戦条約（一九二八年）を「人民の名において」締結するのを拒否したことを想起しつつ、「立憲君主制のもとで生きることを選択するかどうかは日本人の問題である。しかし、民族自決にもとづく真の民主主義の発展を阻害する専制的神政政治を擁護することは、われわれの信条に背馳《はいち》する」とグルーを戒めた。

「近代の神道は、ナチズムと同様に、八紘一宇《はっこういちう》の標語のもとに膨脹主義の教義と化し、全世界を日本天皇の支配下に『統合』することを説いた」。「神なる天皇」や「聖戦」の教義は、ナチズムやファシズムに劣らず危険であり、これらはわれわれがすでに排除することを誓ったところである。「われわれの軍隊が太平洋において神道や日本天皇に象徴されるものすべてに対して戦っている現在、それをいささかでも擁護するがごとき言動は場ちがいであろう」——と、『ニューヨーク・タイムズ』はグルー演説に判決を下した。

こうして論壇の激しい拒絶反応に直面して、グルーは以後、講演旅行をやめて沈黙する。いわば謹慎期間を余儀なくされたといえよう。しかし、あきらめたわけでも、考えを変えたわけでもなかったらしい。一九四四年五月、彼は新たに拡充された極東局（Office of Far Eastern Affairs）の長に任命された。すでに次官職と大使職を歴任したグルーにとって、これはいわば格下げを意味した。

彼はすでに第一次大戦時のパリ講和会議全権団の事務局長となるまでに、ペテルブルグ、ベルリンを含むヨーロッパ各地の首都で十年間もの外交官生活を送っていた。一九二〇年代においても、グルーはその大部分をヨーロッパ駐在の外交官として活躍したが、一九二四年から三年間は、ワシントンに戻って、一度目の国務次官を務めた。そして一九三一年から真珠湾攻撃まで、十年にわたって東京大使を務めている。彼はヨーロッパ、アジア、さらに本省での最高位を極めた、アメリカ外交界の最長老であった。

グルーはすでに六十三歳であり、普通であれば職業外交官一筋に生きた長老として、長年の外交的貢献への讃辞に包まれながら引退して当然であった。しかし、国家の非常事態がそれを許さなかった。そして、グルー自身も引退を望まなかった。日米友好関係の再建をライフ・ワークとして意識していたからである。

格下げではあったが、グルーのライフ・ワークにとって、極東局長は悪いポストではなかった。彼が、先に述べた一九四四年四月二十六日のPWCにおいて、長文の意見書（PWC一四六）を読み上げ、天皇制擁護論を真正面から展開したのは、いわばライフ・ワークへの復帰宣言であり、宣戦布告といってもいいかもしれない。

天皇制をめぐる「休戦」

グルーはPWCにおいて、天皇ヒロヒトと天皇制とを区分して持論を展開した。ヒロヒト個人が戦争に反対していたことは、グルー自身が日本で関知した証拠に照らして明らかである。しかし、その名において戦争が行われた以上、天皇はその行為の結果に対して、少なくとも形式的責任は免れない。したがって、敗戦に際して天皇ヒロヒトが責任をとって退位することを免れうるとは考えがたい。それは「歴史の掟《おきて》」であるといえよう。しかし、「君主制は別問題である」。天皇制は残さねばならない。軍国主義を廃し民主的・平和的な戦後日本を再建するに際して、天皇制が有力な「資産」となるからである。「天皇制こそ日本の隅の親石《コーナー・ストーン》であり、頼みの大錨《シート・アンカー》である」

国務省の幹部たちは当惑した。下部作業委員の日本専門家が主張するだけなら、君たちの仕事は、意見を変える者が何人であるか数えてくることではない。われわれの命令に従って書き直すことだ、と叱《しか》りつけることができた。しかし、グルーという格別な外交経験と日本知識を持つ長老が威信をかけて説く以上、さすがに彼らも無下《むげ》に斥けることははばかられ、PWCは収拾不可能と見える事態に陥った。何度PWCが修正指示を出しても、下部は文言の手直ししかしてこない。この行き詰まり状況を救ったのは、バーリ（Adolf A. Berle, Jr.）次官補であった。

四月二十七日の会議終了時に、彼は、日本の制度のあれこれの具体的処理について、現時点で果てしなく議論することは無駄ではないか。それよりも大事な問題は、占領下において日本を健全な方向に向かって根本的に再編成するという確かな合意ではないか、と発言した。つまり、日本の民主化を積極的に促進するという証文をもう一つ知日派に出させることによって、天皇制存続の芽を残すことを認めよう、とバーリは提案した。それまで中立的立場をとっていた元ニューディール派の高官バーリのこの収拾発言は、闘いに疲れていた幹部会に受け入れられた。

かくして天皇制については、そこでは決定せず、三案を列記するに留め、将来の決定に委《ゆだ》ねることになった（PWC一五二b）。

一つは全面的廃止、一つは全面的存続である。そしてもう一つは天皇権限の「部分的停止」、すなわち天皇の政治的実権を奪う改革を施したうえで、天皇制を存続させ利用するというものであり、これを知日派は良案として三案の真ん中に置いた。これは起草者が自分たちの意見を通したい時の常套《じょうとう》手段といえる。つまり、決定は上司がなすのであるが、自分たちにも認めてもらいたいものがあると、選択肢を三つ示す。その際、両側の二つは非常識だと思われるようなものにしておき、いかにも中庸を得た聡明に見える案を中央に置く手法である。

天皇制を全面的に存続したのでは、天皇大権によってまた何が起こるかわからない。全面廃止を強行すると、日本国民が騒ぎ、降伏や占領がうまくいかなくなる恐れがある。結局、改革しての存続が妥当であろうと、つい誘導されがちである。

こうして、妥協困難であった天皇制の存廃問題は棚上げされた。棚上げとは言っても、論議を打ち切ったのであって、ＰＷＣが何度修正を命じても変わりばえのしない修正案しか出してこない知日派の文書を、民主化を真面目にやりますという別の証文を出させることと引き換えに承認したのである。それは、天皇制の存続を明確な結論としたものではなかったが、圧倒的な反天皇論の渦巻く戦時のアメリカにあって、天皇制廃止の決定をこの時点で下すことを阻止した。知日派は日本情報の独占者たる立場と原案起草権とをフルに活用して、粘り抜いたのである。

しかしながら、前述したように占領下で日本政府は「解消」されることになっていた。内閣も議会も廃し、日本政府の最高権力を占領軍政が掌握する。ただ軍政に際し日本の下部行政機関を利用することとし、その協力を得やすいように天皇の名を用いる、というのがＰＷＣが描き出した線であった。

一九四四年十二月末に、国務・陸軍・海軍三省調整委員会（State-War-Navy Coordinating Commitee ＝略号ＳＷＮＣＣ）という、三省の次官補を正メンバーとする高位の省間機関の設立が決定され、四五年を迎えて活動を開始した。このＳＷＮＣＣが四五年六月十一日に作成した「初期対日方針」を扱う「ＳＷＮＣＣ一五〇」文書は、ＰＷＣのこの方針を継承している。

すなわち、一九四四年に国務省でつくられた対日占領政策の原案は、実は終戦の二ヵ月前までアメリカ政府の基本方針であった。占領下の日本を、日本政府を解消して、軍政官が直接統治する、という方針ができていた。それが最後の瞬間に、「ポツダム宣言」（一九四五年七月二十六日）で修正されることになる。次に、そのプロセスを見ておかねばなるまい。

第二章　終戦

——ヤルタからポツダムへ

ヤルタ会談（前列左から W.S. チャーチル，F.D. ローズベルト，I.V. スターリン）

一　日米強硬派間の皮肉な「合意」

本土決戦に向かって

実は終戦の年の春まで、日本とアメリカ双方の強硬派の間に、皮肉な逆説的「合意」ができていた。日本本土決戦を行い、最後まで戦い抜くという日米間の「合意」である。アメリカ側においては、日本が無条件降伏するまで中途半端な妥協はしない、日本側がいかなる条件も言えないところまで完全に叩《たた》きのめして勝者の意思を貫徹する、というものである。一九四五年（昭和二十）五月八日、すでにドイツは無条件降伏しており、日本に対してもそれを求めるというのが、ローズベルト大統領以来のアメリカ政府の公的方針であった。

こうした本土決戦の方針は、同時に日本陸軍の方針でもあった。日本国内の最強硬派は陸軍であり、彼らは徹底抗戦を唱えていた。双方とも早期和平には反対であるという公的立場をとっており、皮肉な「握手」をしていた。

その実施案として、アメリカ陸軍によって南九州上陸作戦（オリンピック）と関東平野侵攻作戦（コロネット）の二つの作戦が考えられており、八月十五日の日本の降伏がなければ十一月一日に南九州上陸作戦が実施される予定であった。

南九州上陸作戦においては、大規模な軍隊の上陸のために平坦な海岸線が続く宮崎平野が主たる上陸地点とされていた。そして志布志《しぶし》湾、薩摩半島の三方から総上陸して南九州を制圧し、そこに陸上基地を設定する。沖縄に続いて南九州に基地を設定し、そこからB29などを飛ばして日本本土を二十四時間制空権下に置き、空襲・爆撃を自由に行えるようにする。鉄道をずたずたにし、都市を燃え上がらせる。さらに、大陸との交通を遮断して、この島国を完全に封鎖する。

こうして日本側の抗戦能力を著しく低下させたあと、最後の決定的な作戦として関東平野侵攻作戦を行う。翌四六年三月、平坦な海岸線が続く房総半島の九十九里浜片《かた》貝《かい》海岸を中心に大軍を上陸させ、二週間後には相模湾からも別働隊が湘南海岸に上陸する。二方から首都東京に進撃し、中枢部の死命を制する。作戦終了は四六年末の予定である。東京はもっと早く落ちるだろうが、各地にゲリラ的抵抗も起こるであろうし、四六年末までかかるというのが、ドイツ同様に日本に無条件降伏を強制するプランであった。

アメリカ軍部は、南九州上陸作戦については六月十八日に大統領の承認を得て準備を進めていた。ヨーロッパ戦線からどれだけ軍隊をアジアに回して七十万の大軍を揃《そろ》えるかについて、検討を急いでいた。また関東平野侵攻作戦に関しては、ワシントンの軍部の会議において、ある幹部が、九十九里浜の長大な海岸線が上陸に大変いいのは確かだが、良い港がないから補給が困難である、と疑念を表した。しかし兵站《へいたん》担当の将校が、大丈夫だ。皆さんが上陸したら、速やかに巨大な人造港湾を造り、そこから陸揚げするから心配ない、と答えて、実行されることになっていた(JPS Minutes)。

もしこの二つの作戦が実行に移されていたら、日本人の死者が倍になっていたかもしれない。第二次大戦における日本人の死者は、軍人・民間人合わせて約三百五十万人だが、ポーランドやドイツでは七百万人にものぼる。ソ連の二千万人というのは桁《けた》外《はず》れだけれど、日本より小さな国で二倍の死者が出ている。これは、本土決戦があったか否かの違いによる。

東京大空襲で亡くなった人は一晩で十万人と言われるが、一般的に言えば空襲では死者はそうたくさんは出ない。空からの攻撃には防空壕もあるし、都市から離れていれば助かる。日本の場合は、密集した木造家屋が焼夷弾《しょういだん》によって火災を起こし、おびただしい焼死者が出る。それは悲惨な地獄絵であるが、本土決戦となるとそれどころではない。「国のために戦え」という命令を奉じた真面目な若者が竹槍《たけやり》で立ち向かい、片っ端からアメリカ軍の近代兵器で殺戮《さつりく》される。住民の間に逃げ込んだ「ゲリラ分子」が引き出される情景などは、考えるだに恐ろしい。

もし陸軍の説く本土決戦が実施された場合、もう一つはっきりしているのは、日本政府が消滅していたことである。本土決戦ですべてを潰《つぶ》してしまうのだから、間接統治はあり得ない。アメリカ軍が制圧したところから次々に直接統治が行われる。そしてドイツ同様、ほぼ全土制圧されたところで、文字どおり無条件降伏となる。

はっきりしているもう一つの点は、連合国による日本分割占領が行われていたであろう、ということである。太平洋側から、南九州と関東平野にアメリカ軍が総上陸してくる。ノルマンディ作戦の二倍規模のプランができていた。そのように太平洋側からアメリカ軍が上陸するなら、ソ連軍が日本海側から上陸してくるのは「ヤルタの密約」から見ても当然である。

全土制圧の瞬間には、太平洋側対日本海側、もしくは中南部日本対北日本というかたちで、日本本土は米ソによる分割占領が既成事実となっていたと思われる。冷戦に向かう戦後の国際政治を考えれば、両者が統合されることはあり得ず、やがて体制の異なる二つの国として再出発することになったであろう。

その方が因果応報《いんがおうほう》の理に忠実であったといえる。第二次大戦の主犯であるドイツと日本が民族分割の悲運を招くことは理解できる。もし日本が徹底抗戦を行えば、間違いなくそうなっていた。ところが、ドイツと違って日本は、早期降伏によってその帰結を回避する。その代わりというか、終戦時の米ソ間の了解が契機となって、朝鮮半島が分断される結果となった。遺憾のきわみである。

なお、ちょうど日本が降伏したころ、アメリカ軍部内に日本分割占領案（JWPC三八五／一）が作成されていた。一九七四年にワシントンの国立公文書館（ナショナル・アーカイブス）で、それを初めて見た時、私は、信じられないという気持ちと、やっぱりという気持ちがあい半ばする、複雑なショックを受けた。それは日本国内でもセンセーションを呼び起こした。同案は、米軍が日本全土に進駐したあと、コスト削減のため、ソ・英・中の軍隊にそれぞれまとまった地域を任せるという、四ヵ国による分割占領案であった。その案はトルーマン（Harry S. Truman）大統領の採るところとならず、幻と消えるが、もし日本が本土決戦を遂行していれば、ワシントンのペーパーの如何《いかん》にかかわらず、分断国家は現実となっていたであろう（詳細は、拙著『米国の日本占領政策』参照）。

さて、「最後まで戦い抜く」という日米双方の強硬派の「合意」が、どのように本土決戦前の降伏という「合意」に変化したか、という問題に立ち帰ろう。

一九四四年七月上旬、サイパン島の日本守備隊全滅を聞いて、日本国内の知識ある人たちには日本の勝利がなくなったことがわかった。サイパン島が落ちるということはマリアナ諸島がアメリカ軍の手に落ちることであり、そこに基地をつくれば日本本土の諸都市はほとんどがB29の空襲圏内に入る。日本本土が思いのままに空襲を浴びせられるようになるのは、時間の問題であった。そのことは、軍人にもわかる者にはわかっていたし、政治家や財界人、民間人でも同様であった。

そうした状況の中で七月十八日、東条内閣は総辞職し、二十二日には小磯国昭《こいそくにあき》内閣が成立する。東条独裁あるいは軍部独裁という言葉があるが、「独裁」というにはあまりにももろく、戦況が悪くなったところでガラッと崩れてしまった。

実は、独裁という言葉は不正確であった。独裁であるには対抗勢力を破壊して、最高権力を一手に収めていなければならない。東条の権力は確かに大きなものではあったけれども、対抗勢力は破壊されておらず、明治憲法体制の範囲内で要職を押さえていたにすぎない。東条が総理大臣、兼陸軍大臣、兼軍需大臣、兼陸軍参謀総長等々と、めいっぱいに兼任していたのである。つまり、明治の制度はそのままにして兼任、兼任で強大な権力を握っていた。したがって、戦況という客観情勢が悪くなったら、伝統的な倒閣の動きが始まり、もろくも崩れてしまう。

これが、ドイツのように授権法などにより権力を集中していると、ベルリンの防空壕でヒトラー（Adolf Hitler）が自殺するまで負け戦《いくさ》を止めることができない、というケースも生じうる。幸いにも日本はもう少し不徹底であり、「独裁」は存在せず、文武諸機関の多元的連合体である明治憲法体制はそのままであった。おかげで、意外に散文的な東条内閣の総辞職が行われたのであった。

ヤルタ会談――「返還」と「引き渡し」

東条内閣総辞職は、アメリカ側からすれば思惑通りであった。そして一九四五年を迎えて二月四日から十一日まで、米・英・ソによるヤルタ会談が開かれた。米ソ二大国による世界管理の分担合意を示す言葉として、今も「ヤルタ体制」という言葉が生きている。ヤルタにおいては主としてヨーロッパの問題が議題となったが、同時に極東についても秘密協定が結ばれた。

ローズベルト米大統領はスターリン（Iosif V. Stalin）ソ連首相に対して一九四三年秋以来、ぜひとも日本打倒にご協力いただきたい、と要請していた。スターリンは、ドイツ打倒後三ヵ月をめどに対日参戦をいたしましょう、しかし、どのような条件をご用意いただけるでしょうか、と見返りを要求する。「ロシア国民は何のために戦うのかを知る必要がある」。ローズベルトは、ロシアが太平洋への出口を必要としていることはよくわかっている、と答える。

ソ連は伝統的に南下政策をとっており、極東における「不凍港」は悲願であった。そして地政的状況から、「太平洋への通路の保障」を求めていた。それに対する答えの一つが、宗谷海峡に臨む「南樺太」のみならず、「千島列島」の領有であった。

そこで、日露戦争で日本が獲得した「南樺太」はソ連に「返還」することになる。ヤルタ会談では'return'つまりそもそもその人のものであったものを返す、という言葉が使われた。しかしローズベルトは、「千島列島」も同様に「返還」しようとは言っていない。千島列島については意味の違う'hand over'(引き渡す)、つまり、このたび新たにさしあげようという言葉を使って区別しているのである。

これについては、ごく最近まで間違ったまま流布されていた常識がある。この会談の通訳を務めたボーレン（Charles E. Bohlen）という、アメリカ国務省きってのソ連通外交官が回想録（*Witness to History*）に書いた、「ローズベルトをはじめアメリカ側代表団のだれ一人として、南樺太と千島列島の間に本質的相違のあることを知らなかった」という説明である。戦後、長いあいだこの説明が常識として流布されて、アメリカ側の無知はひどいものだと言われてきた。しかし、前述のように言葉の上で明確に区別されており、このボーレンの説明を支持することはできない。

W・A・ハリマン（W. Averell Harriman）は、第二次大戦期の駐ソ米大使を務めた、ローズベルト大統領の片腕であり、ヤルタ会談においても重要な役割を果たした。彼は日露戦争の講和時に、鉄道王であった父に連れられて日本にきており、日比谷での交番焼き討ち事件やアメリカ大使館まで押し寄せて怒号を浴びせる民衆に衝撃を受けた。これは日本の勝利を確定するポーツマス講和の斡旋《あっせん》を行ったアメリカ政府に対して、講和条件に不満を持った日本の民衆が逆恨みして起こした事件であった。当時の日本人がいかに国際認識を欠き、頭に血をのぼらせていたかを象徴する事件だったといえる。

近代戦争の重圧に必死に耐えながら対露戦勝を続けていた日本人の多くは（知識人を含めて）、当時の状況を戦勝の連続ととらえて、戦勝の限界と解する大局的認識能力を持っていなかった。「十万の英霊」によって得た輝かしい戦勝はポーツマスにおいて裏切られた、そう当時の日本の新聞は論じた。戦争に勝ったのだからバイカル地方までよこせなどと、戸《と》水寛人《みずひろんど》帝国大学教授ら当時の知識人までが強硬意見を吐くような始末であった。

しかし実際には、日本陸軍はかたちの上で奉天会戦《ほうてん》（一九〇五年三月）に勝ったけれども、ロシアよりも戦力を消耗していた。ロシア側には負けたという意識はなく、長春に撤退して態勢を整え、シベリア鉄道を片道輸送してどんどん増兵していた。逆に日本陸軍は奉天会戦までに力を出し尽くし、長春においてもう一戦しておれば、逆転敗北をも覚悟せねばならない状況にあった。だから客観的に言えば、日本の攻勢の終末点において戦争を止めてくれたアメリカ大統領セオドア・ローズベルト（Theodore Roosevelt）に、いくら感謝しても、しすぎることはないところだった。

アメリカの眼《め》から見て、反米デモが好意を仇《あだ》で返す行為と映ったのも当然だった。すでにポーツマス会議（一九〇五年八―九月）中から冷め始めていたアメリカ国内の対日友好感情は、急速に冷却し、ついに日本批判の論調と排日運動が頭をもたげる。カリフォルニア州の日本人移民排斥運動が高まり、やがて各州に波及していく。それは日本人移民が白人下層労働者の職を奪うという「実害」に端を発していたが、日本人への警戒心と人種的偏見が巻きついて大きなうねりとなった。それは経済の問題であるに劣らず文化の問題でもあった。さらに、日米もし戦わば的な戦争危機論（ウォー・スケア）が間歇《かんけってき》的に流行し、やがてハースト系のイエロー・ペーパーなどがそのスポンサーとなることによって、戦前の日米関係をむしばむ無視できない要素となる。

日比谷の焼き討ちを十三歳で見たハリマンは、極東の問題についていささかの知識を持っていた。F・D・ローズベルト大統領があたかも世界中が自分の手の上にあって、庭石をあっちからこっちへと移すように無造作に他国の領土を操作することに不安を覚えたかもしれない。

アメリカから見ればドイツや日本は〈戦争犯罪人〉であり、償いをしなければならない。その一部領土の犠牲において世界平和の保障ができるのならかまわない、とローズベルトは考えていたようである。戦後の米ソ協調体制、それに中国とイギリスを加えた米・英・ソ・中四大国による協調体制と第三次世界大戦の防止が、数世代にわたる平和の保障である。そのための引き出物としてなら、ドイツや日本という〈戦争犯罪人〉の小指の如《ごと》き領土を政治的に処理することはやむを得ない、と思っていたようである。

しかしハリマンには、ちょっとした歴史的領土であっても、それが関係国にはどんなに重いものかがわからないではないし、ソ連の外交に疑念も感じていた。そこで彼はローズベルト大統領に対して、最終段階で、千島については樺太とは全く事情が違います、あれは日露戦争よりもはるか以前、一八七五年（明治八）の日露間の平和的協定（千島・樺太交換条約）によって日本領土と定められております、と再考を促した。しかしローズベルトは、わかった、でも、これでいいんだ、とこの進言を斥けたのである。ローズベルトにとっては「ロシアが対日戦の助っ人になってくれるという大きな利益に較べれば、千島は小さな問題であった」、とハリマンは解した（*Special Enjoy to Churchill and Stalin*, 1941-1946)。

ローズベルトの〈政治的本能〉

もう一つ、シニカルな解釈も可能である。ローズベルトはソ連や中国との友好関係を追求した。しかし、極東における歴史的強国同士、すなわちソ連と中国、ソ連と日本、中国と日本の、それぞれの間が親密化することを必ずしも好まなかった。敵対してほしいとまでは言わないものの、互いに適当な対抗関係を持つことを望んでいたふしがある。

ヤルタ秘密協定のうち、千島列島のソ連への譲渡は、戦後史において日ソ間の融合を阻止する〈氷塊〉としての機能を果たした。また、満州（中国東北地方）と外蒙古に関する規定は、中ソ間の対立をもたらすうえで絶大な効果を持った。これが意図されたものであるか、単なる偶然的結果であるかは、憶測の域を出ない。しかし、少なくとも一部分、ローズベルトの〈政治的本能〉の所産であることは否定できないように思われる。

ローズベルトは、高遠な理想を語る半面、権略的闘争のセンスに恵まれていた。地球的動乱のなかで、それは自国民の生存と利益を守るために指導者に必要な資質であった。このことは、ホワイト・ハウスでの彼の部下の扱い方によく表れている。

ローズベルトは、ある分野の権限を一人に任せきることはせず、必ず対抗勢力を作って互いに競争させた。それによって刺激と活気と能率向上とを促進し、同時にだれか一人が抜きんでて強力になることを抑止した。「独占禁止哲学」名において、だれもが最終的には彼の支持と裁定に依存するように仕向けて、自らの立場と決断をいっそう効果的なものにする術を体得していた。それは、伝統的な「バランス・オブ・パワー」あるいは「ディバイド・アンド・ルール」（分割と支配）の政策を人格化したものと言えよう。そうした感覚が対外政策に活《い》かされない理由はなかった。

ローズベルトは、日中間にもあい似た種を蒔《ま》こうとしていた。彼はカイロ会談において蒋介石《しょうかいせき》に、中国が琉球諸島を領有してはどうか、と好意をもって勧めている。しかも蒋介石が、琉球諸島はすでに長年にわたって日本領土であった、と辞退しているのに、もし関心があるのならわれわれは理解している、と二度までも口にしているる。もし蔣介石が深謝しつつ琉球諸島への領土的関心を表明しておれば、戦後の日中間にも日ソ間と同じく、領土問題という〈氷塊〉が存在したことであろう。

硫黄島、沖縄戦は米軍の「敗北」

このように、アメリカ政府の外交的プログラムが定まるのと時を同じくして、一九四五年三月には、恐るべき第一波の東京大空襲が行われた。四四年七月にサイパン島が落ちたあと、アメリカ軍は同じマリアナ諸島中のテニアン島を中心にB29の基地をつくっており、同年末から試験飛行的にB29が日本に飛来していた。

この三月九日、十日には、空が真っ暗になるほどの大編隊が東京の下町を襲った。焼夷弾攻撃によって、一晩で十万人を超すという、原子爆弾による被害に匹敵する犠牲を出したのである。

こうしてアメリカの日本打倒プログラムは順調に進展しているかに見えた。有無をいわせぬ軍事的打倒によって、日本に無条件降伏を強いることはできそうに見えた。ところが同じ時期に、アメリカ軍部にとって頭の痛い問題が起こる。ヤルタ会談と同時期に行われた硫黄島《いおうじま》の戦い（二月十九日—三月二十五日）である。小さな戦闘であったが、アメリカ軍にとっては意外なショックであった。

どうしてアメリカ軍が小笠原諸島の中のこの小島を攻略しようとしたか。マリアナ諸島からだと、日本本土までB29が飛行するのに片道六時間かかった。往復の十二時間でB29の燃料の大部分が消費され、日本本土上空でいられるのは限られた時間であった。

日本側は、一万メートルの高空を飛ぶB29にはお手上げであった。サーチライトではとらえられても、高射砲では弾が届かず撃ち落とせない。戦闘機による迎撃もできない。質のいいパイロットも飛行機も、すでに南方で消耗してしまっていた。まったくB29のやりたい放題という状態であった。

ところが、公開されたアメリカ軍の第二次大戦中のフィルム（W・L・クロンカイト監修、CBS）を見ると、日本本土を爆撃して基地に帰る途中で傷つくB29が案外にある。帰島途中で海に墜落したり、あるいはテニアン島まで帰るには帰ったが車輪が出ずに胴体着陸して爆発する、といったトラブルも起こっている。

そうしたB29がマリアナ諸島から日本本土の爆撃を行う際の掩護《えんご》基地として、アメリカ軍は硫黄島を必要とした。ちょうど道半ばにある硫黄島の日本軍基地からの抵抗はわずらわしかったし、もしアメリカ軍が獲得すれば、保安と支援にきわめて便利であった。

硫黄島を防衛していたのは日本兵約二万三千人で、攻略側のアメリカ軍は六万五千人だった。アメリカ軍は上陸する前に、一平方メートル当たり何トンという艦砲射撃や飛行機による爆撃を加えた。地形が原形をとどめないほどにたたいておいて、海兵隊が上陸する。しかし、海岸線にたどりついたところで猛烈な反撃にあったのである。日本軍はこの日を予期して、島全体にトンネルをつくり、地下要塞《ようさい》化していた。

結局、硫黄島攻略は果たしたものの、予定の三倍の期間と数倍の犠牲者を要した。太平洋戦争をシンボライズした、山の頂に海兵隊員三人が星条旗を掲げている写真や絵はよく見かけるが、それは硫黄島の摺鉢《すりばち》山を攻略した時のものであり、硫黄島の戦いがいかに激戦苦戦であったかを示している。

アメリカ軍にとって最もショックだったのは、この硫黄島攻略戦で日米の死傷者比率がほぼ一対一の同数になったことであった。ガダルカナルでは二十三対一と、アメリカ兵一人の死傷に対して日本兵二十三人が死傷であり、しかもそのほとんどが死亡していた。ところが戦地が日本本土へ近づいてくるにともなって日本軍の抵抗が厚くなり、レイテ島（四四年十月上陸）やルソンの戦い（四五年一—二月）ではほぼ五対一の割合になった。アメリカは圧倒的な優勢で戦ってこられた。ところが硫黄島の戦いに至って、この死傷者比率がほぼ一対一になったのである。

二万三千人の日本守備隊は、捕虜になった二百人を除いて全員戦死した。組織的抵抗力がなくなっても日本兵は個々に突撃し、玉砕する。それでも死ぬ機会を得ないものは自決する。それに対してアメリカ軍は、死者は六千人だったが、死傷者を合わせると同数の二万三千人であった。この結果は、アメリカ軍にはショックだった。

日本本土に近づくにしたがって、日本兵の抵抗は常軌を逸してくる。この調子で日本本土決戦を迎え、日本の兵隊のみならず国民までが非常識な抵抗をしたらどうなるのか。日本兵はアメリカ兵の圧倒的な火力の前に倒れるであろう。しかし、死んでいく日本兵は一人ずつアメリカ兵を道連れにする構えを示している。はたして日本本土決戦を楽観できるのかと、アメリカ側は考えざるを得なかった。

四月一日に始まった沖縄戦でも同じことがくり返された。初めこそ日本軍の抵抗は少なく、飛行場も簡単に制圧した。しかし南部の首里《しゅり》に回ったところで、すさまじい抵抗にあう。特攻機が艦船への体当たりを、くり返し試みた。日本軍の戦意衰えず、どころか、鬼気迫る異様さを帯びてきた。

日本側では沖縄防衛の失敗が議論された。当時大本営は沖縄防衛にあたっていた現地に対して、何をやっておるか、と叱《しか》りつけた。それに対して現地側は、中央の作戦が一貫していない、直前になってここにいた部隊を台湾に移したのはどこのだれか、と不満を持ち、防衛「失敗」の責任がどちらにあったかが問題になった。

アメリカの第二次大戦中の文書をワシントンの国立公文書館で見ていて、私はびっくりした。沖縄戦に関しては、アメリカ側が敗者意識を持っているのである。実質的な敗戦である、というのがワシントンの受けとめ方であった。つまり、四月中に作戦完了予定の沖縄戦が五月に入り、五月中には片づかず六月にずれ込む。そして六月も下旬の二十三日になって、ようやく片づいた。三倍の期間をかけたこの戦いは実質的には敗北である、というのがアメリカ側の受けとめ方である。硫黄島、沖縄はアメリカ軍部にとって失敗した作戦、もしくは苦すぎる勝利である、というのがアメリカ軍部の実感であった。

命惜しまぬ日本兵

どうすれば日本との戦争を終わらせることができるのか、日本本土決戦にはどれくらいの犠牲を強いられるのかを、アメリカ政府は再検討せざるを得なくなった。それだけに太平洋戦争の現場からワシントンに届いた、ある報告書が注目された。捕虜の意識調査をしていたジョン・エマーソンらのグループが、日本人捕虜に対して、君たちはいかにすれば武器を置くのか、というインタビューをし、その結果を報告してきたものであった。

国際常識では、組織的戦闘能力がなくなった場合、兵士が武器を置いて素直に捕虜になるのが、自身のためでもあり、約束事でもあった。個別に抵抗したところで無駄に命を捨てるだけである。そんな非人道的なことはやめようと国際法は、その場合の手続きを決めている。捕虜収容所に収容し、終戦まで安全を保障する。その際の条件は人道的要請を満たすものでなければならない、と定めている。

ところで、日本兵はその定めを教えられていなかった。逆に、一九四一年一月八日、当時の陸軍大臣東条英機が「戦陣訓」というものを全陸軍に示達《じたつ》して、「生きて虜囚《りよしゆう》の辱《はずかしめ》を受けず、死して罪禍の汚名を残すこと勿《なか》れ」と教育した。それゆえ、死を求めての突撃をしたり、バンザイ・クリフから飛び降りて死んだりする。アメリカ側には、その行動が理解できなかった。

それでも、なかには故意または事故によって、捕虜になる兵もいた。アメリカ側の戦時フィルムには、白旗を掲げた日本兵が、後ろから撃たれないように気を使いながら出てくるシーンがある。「戦陣訓」にもかかわらず、家族のためにも、自分はここで死ぬわけにはいかない。故郷に帰ってもう一度おふくろさんや家族の顔が見たい、あのやさしい故郷の山河を見たい。あのやわらかい水を飲みたい、という思いが残るのは、人間である以上、当然の心情である。

彼らは、多くの場合、捕虜になった途端にものすごく素直になった。捕虜になることを国際法のしきたりとして教育している国では、捕虜になっても軍の機密は洩《も》らすな、敵に利することは話すなと教えていた。ところが日本軍の場合には、絶対に捕虜になるなと教える以上、もし捕虜になった時には、という教育ができなかった。それゆえ彼らは、捕虜になった途端に、日本社会から切れたという思いのなかで、本名は名乗りたがらないけれども、非常に素直になったのである。

同志社大学にオーティス・ケリー（Otis Cary）という、小樽に生まれ育った日本語が堪能な教授がいる。彼は、ハワイで日本人捕虜を並ばせて名前を名乗らせた時、ハセガワ・カズオという名があまりに多いので、ついいたずらっ気を起こして、あんまり似てないな、と日本語で言ったら、日本兵はギクッとしたと述べている。

「鬼畜米英」と教えられていたのが、食べ物もミルクもくれ、傷の手当てまでしてくれることに感じ入る者もいた。日本兵に、君たちはどうしてあれほどまでに抵抗するのか、それほど死にたいのか、何のために死を賭《と》してまで戦うのか、と聞くと、答えは意外にはっきりしている。それは郷土を守るためだ、父母や子ども、兄弟、同胞を守るためだ、天皇を守るためだ、そのためであれば、日本人は命を捨てる、と圧倒的多数の捕虜が答えた。

ただ国民性として戦闘的であり、目的なしに死にたいという人間につける薬はない。名誉のために絶対に死ぬまで戦うというのも厄介である。ところが、目的がある人間とは、話ができる。つまり父母兄弟を守りたい、あるいは天皇制を守りたいというのであれば、では、それを保証すれば君たちは武器を置くか、と問いかけることができる。

もちろんだ、とその答えもまた非常に高い比率で一致していた。「もし天皇が武器を置くことを命ずれば、もちろん天皇の言葉に従う」と、極めてはっきりしていた。つまり、死に吸い寄せられるばかりの狂った戦士に見える日本兵も、条件次第では和平に応ずる。その条件とは、日本本土の所領安堵《あんど》と天皇制の容認であるというのが、意識調査から得られた結論であった。

日本戦史を思い起こせば、一六〇〇年の関ヶ原の戦いの時、西軍に加わった島津《しまづ》義《よし》弘《ひろ》の軍勢は、西軍の敗戦が明らかになったあと、主君を薩摩の地に無事送り帰すために、壮絶な撤退戦を展開した。「捨屈《すてかまり》の戦法」である。退却の際に伏屈《ふせかまり》の兵を残しておいて、追撃する敵に対して、命を捨てての抵抗をくり返す。その間に本隊を撤退させる戦法である。徳川家康《とくがわいえやす》の本陣前を中央突破し、東軍の執拗《しつよう》な追撃を阻みながらの長い困難な戦いのあと、薩摩に帰りついた者は、義弘のほかわずかであった。しかしこの死にものぐるいの組織的抗戦が、勝者にも畏怖の念を懐かせた。

怒った家康は島津を討とうとするが、少数の薩摩兵にすらてこずった。薩摩の地へ攻め込み、力で制圧することは、最終的に不可能ではないにせよ、どれほどの時間と損失を強いられるか計り知れない。薩摩だけが敵ならまだしも、てこずっていたら東北の伊達政宗《だてまさむね》をはじめ、機会を待って雌伏《しふく》している猛者たちが何をしでかすかわからない。結局勝者は外交的決着の方途を選び、薩摩藩主とその所領は許された。それにも似て、硫黄島や沖縄で示された日本軍の命知らずな抵抗は、はたして予定どおり日本本土決戦をやっていいものかどうか、アメリカ側に再検討を求める効果を持った。

二　太平洋両岸の政変

偉大な大統領の死――ワシントン

一九四五年（昭和二十）四月、沖縄戦が始まった時期に、太平洋の両岸において政変が起こった。四月十二日午後一時十五分、三選を果たし四選まで果たした偉大な大統領ローズベルトは、第四任期が始まったところでポックリと亡くなったのである。

アメリカ大統領の激務ぶりというのは、大型コンピューターを何台並べても追いつかぬ、と冗談半分に言われるが、二期八年を越え、四期十六年を全うするというのは、人間の能力を超える。ローズベルトはジョージア州の保養地ウォームスプリングにある小ホワイト・ハウスで、ヤルタ会談後の疲れを癒《いや》していた。昼食前にワシントンから届いた文書に目を通しているうち、突然こめかみに手をやり、力なくその手を下ろした。今度は首の後ろを手で押さえ、「ひどく頭が痛い」とつぶやいた。そして手が離れ、首が左側に折れ、上体が倒れ落ちた。人間の限界を超える激務を続け過ぎたために、音もなく崩れて亡くなった。

後任は、そもそも副大統領の本命とも思われていなかったトルーマンであった。第四任期を迎えたローズベルトの副大統領候補としては、本命の現職ウォーレス（Henry A. Wallace）と対抗馬バーンズ（James F. Byrnes）という強力な人物が競いあった。それぞれ強力で支持者も多かったが、それだけに反対者も多かった。それゆえ民主党内の消去法的人選の結果、実直で律儀な実務派のトルーマン上院議員が浮上し、副大統領の指名を受けた。その直後に彼は、ローズベルトが亡くなって大統領に昇格することになる。全く偶然のいたずらで、三段跳びのようにトップに放り上げられた。

H.S. トルーマン

ところがトルーマンは、外交についてまったく知識がなかった。もともと一介の上院議員にすぎず、しかもローズベルトは個人外交を行っていた。トルーマンはローズベルトの政策内容も、テヘランやヤルタにおける会談の内容も、何も知らされてはいなかった。トルーマンだけではなく、閣僚のうちにヤルタ会談の正確な内容を知る者はだれもいなかった。

しかし、この新しい大統領が生まれたということが、対外政策の転換を必然化したのである。ローズベルトであれば、彼が個人的威信をかけていた無条件降伏の貫徹ということから離脱しにくかったであろう。トルーマンは四月十六日の大統領昇格後、最初の議会演説において、戦争と平和の双方に関するローズベルトの政策を堅持すると強調した。選挙で選ばれたのではない、副大統領からの昇格による大統領が、偉大な前大統領の政策を勝手に変えることは国民に対する背任になりかねない。踏襲すると宣言し、とくに無条件降伏の方針を堅持すると語った時、議員の拍手は鳴りやまなかった。しかし、それでも変わらざるを得ない。

とくに何が変わったかといえば、まず政策決定のスタイルが変わった。ローズベルトは国務省を全く無視していた。国務省などという官僚組織は役に立たぬ、宮仕え根性に染まりきった連中ばかりだと、主要な国際会議にハル国務長官を同行させることすらせず、ホプキンズ（Harry L. Hopkins）のような個人的補佐官を連れていく。スターリンやチャーチル、蔣介石を相手にする時に国務省の役人が同行すると、それはだめです、昔こういうことがありました、いえ、それは外交慣例で……、となる。斬《ざん》新《しん》な外交によって新国際秩序を築きたいと思うローズベルトには、先例に拘束されがちな国務省がわずらわしかった。

ところがそのローズベルトが亡くなり、新大統領に外交経験の全くないトルーマンがなった。彼には、責任ある外交機関である国務省に聞くしかなかった。国務省とすれば、信じられない、長いあいだ夢でしかなかった状況が生まれた。新大統領トルーマンは、国務省が提出したブリーフィング・ペーパーを、午前三時までかかってちゃんと読んでくれる。ローズベルト前大統領なら、見向きもしてくれなかった。それがトルーマンは、自分たちの詳細なペーパーを徹夜して読んでくれる。国務省の復権という、夢のような時代が開けてきた。

しかもこの時、日本にとって幸運だったのは、ローズベルト政権が第四任期を迎えた際、病気を理由に辞任したハルの後任として国務次官から長官に昇格したステティニアス（Edward R. Stettinius, Jr.）が、外交に格別の関心も識見もない人物であったことであった。

ステティニアスはゼネラル・モーターズの副社長であったが、ニューディール支持派であったため、戦時のワシントンから招かれた。まだ四十代というのに見事な白髪であり、品のよい社交性と丁寧な実務能力を備えていた。人柄と風貌の点で申し分なく、セレモニーにはうってつけの人物であったが、外交政策形成のための新しい統合的システムを作り出すような指導力は、彼にはなかった。彼が国務省幹部たちに依存する姿は、「白雪姫と七人の小人たち」と揶揄《やゆ》された。

国務長官がこのように外交に無知にして無能であったことが、逆説的であるが、日本の運命に大きな意味を持つことになった。新次官には外交に通じたベテランが不可欠だということで、選ばれたのがグルーであったからである。満州事変から真珠湾攻撃に至るまで滞日十年の知日派の頭目《とうもく》グルーが、大戦末期に再び国務次官となって、実質的に国務長官の役割を果たすことになったのである。

このようなことは、例外的であった。現在のように国際政治における日本の比重が高まった時なら、日本に精通していることは、高官となるうえでプラスになるかもしれない。しかし当時は、日本専門家が最高指導層にくい込むことなどあり得なかった。そうした状況で知日派の頭目が、実質的にアメリカ外交の最高責任者となるというのは、信じられないことであった。

グルーが国務次官に選ばれたのは、彼が「知日派」だったからではない。四十年に及ぶたぐい稀《まれ》なる外交経験のゆえであった。グルーは、洋の東西、内と外のすべてに通じたその外交経験ゆえに、「知日派」であるにもかかわらず再び国務次官に選ばれたのである。

しかし、次官に選ばれるに際しても、グルーは過度に日本びいきなのではないかとの疑念から、上院での承認は難航した。グルーは、「天皇の使徒」ではなく、アメリカ合衆国の公僕であるとの証《あかし》を立てねばならなかった。グルーは、日本の天皇というのは「女王蜂」のようなものであると説明した。「女王蜂」が巣を支配し、実質的な決定を下しているわけではない。しかし「女王蜂を群から除けば、巣全体が潰滅《かいめつ》してしまうであろう」、天皇とはそのような存在である——と、天皇制を女王蜂の役割になぞらえて窮地を脱した。

このグルーの次官就任が、日本にとって決定的な意味を持つ。トルーマン新大統領が国務省に政策を聞く時、それに答えるのはグルーである。しかも局面は、日本の降伏、終戦という時期である。奇跡的に日米戦争が終わろうとする決定的局面において、知日派の頭目がアメリカ外交の実質的最高責任者になっていた。ワシントンでの四月の政変は、日本にとってそのような変化を意味した。

「まげて承知してもらいたい」——東京

同じ一九四五年四月、太平洋東岸の東京でも政変が起こる。五日の小磯内閣の総辞職である。後継首班として鈴木《すずき》貫太郎《かんたろう》に大命降下《たいめいこうか》があった。

天皇から鈴木にお召しがあった時、彼はたか夫人に、もちろんお断りしてくるよ、と言って家を出ている。皇居につくと天皇が待っており、すぐに、ということで通される。天皇は鈴木に対して、「卿に組閣を命ずる」とうたうような声で言う。鈴木にとってはいつもの、聞きなれた声であった。

というのは、鈴木は一九二九年から三六年（二・二六事件の年）の秋まで七年間、侍従長として天皇の側に侍しており、何度も「卿に組閣を命ずる」と天皇が言うのを聞いてきた。その声が、いまや自分の上に注がれている。それを聞いたあと鈴木は深々と一礼して、「聖旨《せいし》のほど、畏《おそ》れ多く承りました。唯《ただ》このことは、何とぞ拝辞の御許しを御願いいたしたく存じます」と断り、理由を述べる。

「鈴木は一介の武弁《ぶべん》、従来、政界に何の交渉もなく、また何の政見も持ち合わせませぬ。『軍人は政治に干与せざるべし』との明治陛下の御聖諭を、そのままに奉じて参りました。いま陛下の聖旨に背《そむ》き奉ることの畏れ多きは、深く自覚致しまするが、何とぞ、この一事は拝辞のお許しを願い奉ります」と言って頭を下げる。

耳の悪い鈴木も、くすっと笑う声が聞こえたような気がして顔を上げた。天皇が微《ほほ》笑《え》んでいる。「鈴木はそういうであろうと自分は思っていた。しかし」と天皇は真顔になって、「この国家危急の時に、もう他に人はいない。頼むから、どうか、まげて承知してもらいたい」と言う。陛下にこうまで言われては、どうしようもない（『鈴木貫太郎伝』、藤田尚徳『侍従長の回想』）。

二人はもともと格別に親しかった。天皇は鈴木の案内で遠洋航海に出たことがあり、心を許し合っていた。そういうことが鈴木の侍従長就任にも結びついていた。しかも、鈴木夫人は天皇裕仁の幼少期の保母であった。

鈴木自身は二・二六事件（一九三六年二月二十六日）で一度死んだものと思っており、別に労を惜しむ気も、命を惜しむ気もない。しかしとても自分の任ではない、と断ろうとした。けれども、こうまで言われたのでは断れない。できるかどうか見通しは立たないけれども、引き受けざるを得なかった。

天皇がそうまで言って自分を求める真意が「早期和平」にあることは、言われなくても鈴木にはよくわかっていた。この年の正月から天皇は重臣たちを呼んで、どうすれば戦いを終えうるかを個別に聞いている。そういう方向で宮中が動いているのはわかる。だから自分に首相になってやってくれということは早期和平、本土決戦前の和平であるとわかっていた。ただ問題は、これを多数決ではなく、政府全体が一致して、最強硬の本土決戦派の陸軍の同意をも得たうえで進めなければならないことだった。

鈴木貫太郎

一八八九年に定められた戦前の内閣制度は、政府の意思決定について閣僚の全員一致を条件としていた。一人でも強硬に反対する大臣がいる場合、総理大臣には決定を回避するか、内閣総辞職を行うかの選択しかなかった。各大臣は天皇を補佐する立場において同格であり、総理大臣は「同輩中の第一人者」にすぎなかった。とりわけ軍部大臣現役武官制によって強い立場を与えられている陸軍大臣があくまで反対する案件について、多数決によって採決することは制度上不可能であった。

だから、何とか陸軍を言いくるめて、同意させなければならなかった。うかつに、新内閣の基本目的は本土決戦前の早期和平である、などと発表すれば、陸軍は怒って二・二六事件のやりなおしをするかもしれない。

二・二六事件の時、鈴木貫太郎は至近距離から銃弾を頭と肩、左胸、股の四ヵ所に浴びたにもかかわらず、微妙に急所を外れたのか、奇跡的に助かっている。襲われた時、鈴木はこういうこともあるだろうとの心構えもあり、どうせなら見苦しい格好では殺されたくないと思った。潔く撃たれようと八畳の部屋に行き、電気をつけて、入ってきた青年将校の前に、「お撃ちなさい」と言って直立不動で立っている。撃つ方もたじろぎ、急所を外したのであろうか。鈴木はそこで倒れるが、のちに気を失うまでのことを「背後の欄間《らんま》には両親の額がちょうど私の頭の上にかかっていた」と書いている。

青年将校が止《とど》めを刺そうとした。すると夫人が「とどめはどうかやめていただきたい」と言う。指揮していた安藤輝三《あんどうてるぞう》大尉はためらい、結局率いてきた兵士たちに、「閣下に対して敬礼」と号令して、みんなで敬礼して出ていった。

安藤大尉はイデオロギー的には信念を持っていたけれども、個人的にはモラリストで、日蓮《にちれん》の熱心な信者であり、真面目な人物であった。それ以前に鈴木のところに来て、国家のあり方について談判したこともあり、夫人のご馳走になってもいた。そうした心情もあってか、安藤大尉が止めを刺さずに引き揚げた結果、鈴木は奇跡的に助かって四五年四月を迎えたのである。

鈴木個人は、二・二六事件の再来を恐れて危険を避けるつもりもない。ただ問題は、もし鈴木内閣の目的は早期和平であると発表して襲われると、以後、だれも和平を言えなくなることだった。それは日本政治の自殺行為でしかない。だから、何とか陸軍をも引き連れて一緒に終戦まで進まねばならない。それにはどうすればよいかわからないが、とにかくやるほかはなかった。

五月二十四日と二十五日夜、第三次の東京大空襲があって、山の手や霞が関、三宅坂、永田町などの官庁街が焼かれた。皇居は空襲されなかった。これはアメリカ政府内で情報機関やグルーなどが相談をして、とりあえず天皇攻撃はしないことが決められたことによる。

　天皇を終戦と占領において利用する可能性があり、また天皇攻撃は日本国民の戦意をかえって高める危険性があるので、皇居を攻撃することも、宣伝戦において天皇を非難することも避ける、という方針であった。

　ところが、三宅坂の火が濠《ほり》を越えて皇居に飛び火し、正殿が炎上した。そのことを二十六日の明け方に聞かされた鈴木が、あわてて首相官邸の屋上に上がって見ると、皇居はまだ燃え続けている。鈴木は舞い上がる炎をじっと凝視し、「頰《ほお》を涙で濡らし」ていたと、迫水久常《さこみずひさつね》内閣書記官長は『機関銃下の首相官邸』に書いている。

　そういう東京の友人の涙を感じ取ったかのように、二十六日、グルーはワシントンで行動を起こす。グルーは東京大使館時代の経験から、鈴木がリベラルな国際派の天皇助言者であることを知っていた。グルーは滞日十年の間に日本の指導層とのつきあいを広げるが、なかでも海軍の長老とのつきあいが多かった。

　実は二・二六事件の前夜、鈴木は斎藤実《さいとうまこと》夫妻らとともに、アメリカ大使館でのパーティーに招かれていた。「おてんばマリエッタ」というトーキーのアメリカ映画を見せてもらって、珍しく遅くまで過ごしている。彼らが襲撃を受けたのは、大使館を辞して数時間後のことであった。

なお騎士道精神が存する国

そういうつきあいであったから四五年四月七日に鈴木内閣が生まれたということはグルーや知日派の人々にとっては悪くないシグナルに思えた。けれども、その後も新しい動きはほとんどなかった。エピソードとして次のようなものがあっただけである。

鈴木首相が内閣を組織した五日後、ローズベルト大統領が亡くなった。その時鈴木は、同盟通信の海外向け英語放送で、深甚《しんじん》なる弔意を表明す、というメッセージを送った。鈴木は、故ローズベルト大統領はすぐれた指導者であった、この戦争で現に連合国側がこのように優勢をほこっているのは、多くの部分が偉大な故ローズベルト大統領の指導の賜物であるということを自分は知っている、とローズベルトの指導力を称《たた》え、「大統領の逝去がアメリカ国民にとって非常なる損失であることがよく理解できる。ここに私の深甚なる弔意をアメリカ国民に表明する次第です」と語っている。

一九三三年に故国ドイツを出国し、三八年にアメリカに亡命していたトーマス・マン(Thomas Mann)は、UP通信が中継して『ニューヨーク・タイムズ』や『ワシントン・ポスト』などの主要紙（四月十五日付）が報じたこのニュースを知って、

「呆《あき》れるばかり」に驚いたという。というのは、彼の故国ドイツではヒトラーがローズベルトの死について、「運命が史上最大の戦争犯罪人、フランクリン・D・ローズベルトを地上から取り除いたこの時点において、戦争は決定的な転機を迎えるだろう」（W・シャイラー、井上勇訳『第三帝国の興亡』五、J・フェスト、赤羽龍夫他訳『ヒトラー』下）という、はなはだ野卑な呪《のろ》いの声明を発していたからである。

トーマス・マンは鈴木首相のメッセージを知って、「あの東方の国には、騎士道精神と人間の品位に対する感覚が、死と偉大性に対する畏敬が、まだ存在するのです。これが違う点です」（伊藤利男訳『トーマス・マン全集』第十巻）と、故国ドイツの国民に呼びかける「ドイツの聴取者諸君！」という放送で述べている。また鈴木首相のメッセージは、スイスの指導的なジャーナリストによって『バーゼル報知』や『新チューリヒ新聞』などの新聞にも取り上げられた（平川祐弘『平和の海と戦いの海』、小堀桂一郎『宰相　鈴木貫太郎』）。

しかし、これはほんのささやかなシグナルにすぎなかった。鈴木は、あるいはこれまでの軍国主義一辺倒の日本政府指導者とは違い、自分には日米友好について用意がある、ということを告げようとしたのかもしれない。しかし、日本が早期終戦に向かう具体的兆候は何もなかった。

三　早期終戦を求めて

「もはや一刻の猶予もならない」

一九四五年（昭和二十）五月二十六日土曜日の午後、グルーは帰宅しようとしている部下のドーマンを次官室に呼んだ。ドーマンはグルーの東京大使館時代、参事官として片腕だった人である。グルーは知日派といいながらも、日本語が話せなかった。ドーマンは堪能である。東京で自分の目となり耳となってくれたドーマンを、グルーは国務次官に就任するとともにワシントンで自分の顧問にした。

何でしょうか、と問うドーマンに、グルーは、折角の週末をつぶすようで悪いが一つ頼みがある、と言う。当時の国務次官室は、ホワイト・ハウスの隣にあるオールド・エグゼキュティブ・ビルディングの中にあった。古い格式ある宮殿のようなビルである。古風な貴族的風格をたたえたグルーには、このビルがよく似合った。いつも荘重で重々しかった。ドーマンはそんなグルーが嫌いではない。この人には決して裏切られることはない、という気がする。つくしがいのある人だ。天井の高い次官室で、グルーは普段にも増して真剣な面もちで、今自分に対している。
「五月三十日の戦没者記念日（Decoration Day）の翌日に大統領は演説を行うが、その際に対日声明を発してもらってはどうかと思う。日本に対して降伏を呼びかけ、それを日本が受けいれた場合に、われわれが日本国民に何をなし、何を行わないかを告げる大統領声明を行うよう提案したい。その声明草案を、月曜日の朝までに作ってもらえないだろうか」（グルー文書およびドーマンの回想）
ドーマンに異論のあろうはずはなかった。週末をつぶすのも厭《いと》わない。むしろ、こんな大事な問題を自分に持ってくる、その変わらぬ信が嬉《うれ》しい。ただ、なぜ今ですか、とドーマンはそのタイミングをいぶかった。鈴木内閣が成立したのはいいが、その後五十日を経ても、東京に変化は見出せない。それどころか鈴木は陸軍出身の首相よりも勇ましい演説をしたりしている。
鈴木は沖縄で戦っている将兵を称え、鼓舞するために、組閣当夜のラジオ放送で「国民よ我が屍《しかばね》を越えて行け」と、みんな死んでも戦おうという調子の演説をしていた。しかし、鈴木の真意はそうではなくて、自分は和平をもたらすことで死ぬかもしれない、その屍を越えて、若い人たちに日本の再建のために努力してもらいたい、ということだという説明が戦後になされた。たとえそうであったとしても、当時聞く人には、激烈な戦意昂揚《こうよう》演説としか思えない。

無条件降伏よりもっと穏当な、実質的な条件がある、と日本に伝えることは、終戦のための一つの切り札であった。切り札はいいタイミングで出さねば意味がない。しかるに今、日本は連日激しい戦争をしている。そうしたなかで条件緩和を伝えても、日本がそうかというだけで過ごしてしまったら、折角の切り札を無駄遣いするだけのことである。日本が降伏を本気で考えるようになる瞬間まで、温存しておくべきカードではないのか。それでドーマンは、なぜ今ですか、と聞いた。

「もはや一刻の猶予もならない」と、グルーはせっぱ詰まった表情で言う。入ったばかりの東京大空襲のニュースを、グルーは告げた。東京大空襲も三度目で、今回は主に山の手と官庁街が焼かれた。たしかに意思決定をなすべき中枢が破壊されると、日本は降伏の決定もできなくなる。その意味では新しい要素が含まれており、もはや一刻の猶予もならない、というのもわからないではない。でも、それほど大詰めまで来ているのか。ドーマンは必ずしもピンとはこなかった。ただ、はっきりしていることが一つある。グルーが本気だということだ。グルーの真剣さは充分に伝わってくる。

この人が決意しているなら、協力してもよい。ドーマンは、引き受けて帰った。

私見では、この時グルーにはドーマンにも言えない二つの理由があった。一つはヤルタ会談の秘密協定を知ったこと、もう一つは原子爆弾（S1）を知ったことである。

ヤルタ秘密協定はローズベルト大統領が個人外交で行ったものであり、国務長官ステティニアスはヤルタに同行していたが、その内容を知らされてはいなかった。ローズベルトはその協定文書をリーヒ（William D. Leahy）統合参謀本部議長に渡していた。これは異常である。重要外交機密を外交機関に知らせない。ハリマンがヤルタで、この案について国務長官に相談しましょうか、とローズベルトに聞いたところ、いや、君だけのことにしておいてくれ、と国務省に伝えることを禁じられていた。また通訳として参加した外交官のボーレンも、話してはいかんぞ、と口止めされていた。

すなわち、国務省は組織として無視され、何も知らなかった。重要な外交協定を外交機関が知らされていないなどというのは、全く信じられない話である。ローズベルトが亡くなってから、リーヒ統合参謀本部議長が、故ローズベルト大統領からこんなものを預かっていますが、と言って協定文書をトルーマン新大統領に提出した。トルーマンはそれを見て、何だこれは、とびっくりする。リーヒは、いや、私は外交責任者ではありません、ただローズベルト前大統領に預かってくれと頼まれて、お預かり

終戦へのタイムテーブル

「無条件降伏」の方針（アメリカ）と，徹底抗戦の方針（日本）の「合意」によって，日本本土での決戦が予定されていた。ところが……。

	［アメリカ］		［日　本］
1944年（昭和19）			
7月	サイパンを攻略す	7月	東条内閣総辞職
1945年（昭和20）			
2月	ヤルタ会談	2月	硫黄島の戦い
3月	東京大空襲（第一波） 順調に進展か？　否	4月	沖縄戦　壮絶な「捨《すて》屈《かまり》」の抵抗
4月	トルーマン新大統領	4月	鈴木内閣
5月	東京大空襲（第三波）		
5月26日	グルーの行動開始（ヤルタ密約と原爆〈S 1〉を知る） 軍事手段より言葉を――条件提示（天皇制の保証）		
28日	国務省幹部会，トルーマン大統領		
29日	スティムソン陸軍長官と軍部（「若槻，幣原，浜口」）		
6月18日	ホワイト・ハウスの会議で南九州上陸作戦を決定（11月1日）		
7月26日	ポツダム宣言　……		鈴木首相「黙殺」（陸軍の重さ）
8月6日	広島原爆投下　……		3日間の遅延
9日	ソ連の参戦		9日午前11時　最高戦争指導会議 午後11時50分　御前会議（甲案，乙案） 10日午前2時「聖断」
10日	アメリカ政府の対応，イギリス・ソ連の対応		
			14日午前10時50分　再度の「聖断」（国体護持…民族存続）

していました、と答えるのみであった。

トルーマンが、国務長官なら知っているだろうとステティニアスを呼んでみると、彼も、いや、私も全く知りません、と言う。あなたはヤルタに行ったんだろう。でもこんな協定文書は、見たことも聞いたこともありません、と言う。もちろんグルーも知らなかった。

ソ連参戦の前に

グルーには十年の滞日経験があるだけに、ショックが大きかった。いったいローズベルトは何を考えていたのか。満蒙の旧日本権益と北方領土を与えるという極東の政治地図の変更までして、ソ連に対日参戦を求めなければいけないのか。彼はヤルタ秘密協定の修正・撤回を再検討する提案を、政府内で始めた。

グルーはまずスティムソン(Henry L. Stimson)陸軍長官とフォレスタル(James V. Forrestal)海軍長官にメモを送って、三つの問題提起を行った。

一　ソ連の早期対日参戦は、極東における米国の政府目的に沿った同意をソ連から取り付けるための交渉を許さないほどに、米国にとって重大な利益か。

二　極東におけるソ連の政治的要望についてのヤルタ協定は再検討すべきか、それともも全面的もしくは部分的に実施すべきか。

三　もしソ連が日本本土の占領への参加を要求してきた場合、これを許容すべきか、それとも、それはわれわれの長期的対日政策を損なうことになるか。

このグルー・メモを読んだスティムソン陸軍長官は、「これらはきわめて重大な問題であり、国務省がこのような問題提起を行い、われわれに検討の機会を与えてくれたことを、たいへん嬉しく思う」と日記に書いている（Stimson Diary）。

当時スティムソンは閣僚中最年長であったし、また人に抜きんでた実力者であった。ローズベルト大統領はワンマンであって、だれも彼にはあらがえない権力と威信を持っていた。ところがただ一人、その偉大な大統領ローズベルトを叱りつけることのできる人物がいた。それがスティムソンであった。

スティムソンは、七十七歳という高齢であった。日露戦争後に陸軍長官、満州事変の時には国務長官を務めたあと、一九三三年に引退した。ところが、第二次大戦を迎えて一九四〇年にローズベルトが、この戦争は民主党政権の戦争ではなく、挙国一致《きよこくいつち》で戦うべき戦争であるという観点から、野党共和党の長老であるスティムソンとノックス（Frank Knox）に入閣を求めた。両者は受諾し、スティムソンは陸軍長官として、ノックスは海軍長官として入閣した。老人ながら「戦士スティムソン」と呼ばれるように、なお彼は体調さえ整えれば頭はしっかりしており、気迫に満ちていた。

たとえば大戦初期においてローズベルトが、国内の孤立主義的世論を気づかい、世論調査の数字をにらみながら、イギリス援助に一歩踏み込んでは半歩後退するというジグザグをくり返していた時、スティムソンは大統領を叱りつけた。大統領、こういう危機における大統領の務めというのは、世論の気圧計を観測したり、偶発事を待ち望むことではないでしょう。アメリカが国際社会における責任を取るべく、国民に対して強い指導性を発揮するのが、危機における大統領の任務でしょう、と面《おもて》を冒して言う（James MacGregor Burns, *Roosevelt : The Soldier of Freedom*）。

他方、戦争末期にアメリカの勝利とドイツ、日本の敗戦が明らかになってくると、ローズベルトは財務長官モーゲンソー（Henry Morgenthau, Jr.）の策案を採り入れて、「モーゲンソー・プラン」を採択しようとした。これは、二度までも世界の平和を乱したドイツが、三度刃物をかざして平和を乱すことがないよう、この際ドイツを分割し、弱体化する。加えて全工業を奪い、「農牧国家」に立ち戻らせる、というすさまじいプランである。

ローズベルトはこの方針を容《い》れ、第二回ケベック会談（一九四四年九月）において、嫌がるチャーチルに同意させてワシントンに帰ってきた。その時スティムソンは大統領に覚書を送り、「それは、ドイツがその犠牲者に対して犯そうとしたと同じ犯罪を、われわれ自身が全ドイツ国民に対して為すことを意味する。それは文明そのものに対する犯罪である」と痛論して立ちはだかった。世論もモーゲンソー・プランに批判的であった。ローズベルトもたじろぎ、先の問題を今から決めておく必要はない、とモーゲンソー・プランから実質的に撤退したのである。

というふうに、偉大な大統領を叱りつけることのできるスティムソンであった。グルーはそのスティムソンの同意が欲しかった。しかしスティムソンは、グルーの提案を高く評価しながらも、結論的には反対した。彼は五月十五日朝、国務長官・陸軍長官・海軍長官による三人委員会（火曜日に定例会が行われ、グルーは国務長官ステティニアスの代理として出席していた）において、まだ対ソ交渉を行うべき条件は整っておらず時期尚早であると論じ、二十一日のグルーへの返書に自己の観点を詳述している。

一　ロシアの対日参戦は、ロシア自身の軍事的・政治的理由にもとづいて決定されるのであり、米国のはたらきかけはほとんどこれに影響を与えることができないであろう。またロシアの参戦が、戦争を短縮し、米国人兵士の犠牲を減ずるために不可欠であることは、なお無視できない。

二　ヤルタにおいてロシアに譲歩したものは、ほぼロシアの軍事能力の範囲内にある。樺太、満州、朝鮮、北中国を、ロシアは米軍の到着以前に占領する軍事能力を持っている。ただ千島についてのみ、米国が裏をかいてロシアに先んずる能力を持っている。しかし、それはかなりの代償を払う覚悟なしに行いえない。
三　ロシアの日本占領への参加は、軍事的にいえば、米国の負担を軽減する点で望ましい。しかし、ドイツ占領の経験から、米軍のみによる排他的占領の方が賢明であると判断されるに至るかもしれない。これは、その時期になって政治的に判断すべき問題である。　（米国政府公文書）

さすがに現陸軍長官にして元国務長官であった。軍事、外交のすべてに通じているスティムソンのこの答えに対して、グルーも、なるほど、と認めざるを得なかった。

そのようにヤルタ秘密協定を外交交渉によって改めることはできないとなれば、それを阻止する方法は一つしかなかった。それは大前提となっている現実を変えることである。すなわち、秘密協定での取り決めは、ソ連が対日参戦してくれればという前提に立っている。ならば、それをなくせばよい。言いかえれば、ソ連の参戦前に日本を降伏させせればよかった。

グルーには、もはや一刻の猶予もならなかった。外交交渉を始めても終戦まで二ヵ月、三ヵ月かかるかもしれない。そう考えれば、今すぐに始めなければならない。これが腹心のドーマンにも語るわけにはいかない理由の一つであった。

原爆投下の前に

もう一つ、グルーにとってもっと深刻な問題があった。それは原爆について聞かされたことであった。

五月八日にドイツが降伏し、トルーマン大統領の戦勝声明があった。そのあと午前十一時から定例の三人委員会が開かれた。会議の終わりに、スティムソンはお人払いをしたうえで、グルーとフォレスタルに極秘事項を伝えた。

これは絶対に秘密だけれども申し上げたいことがある。われわれはかねてより原爆を開発しており、二、三ヵ月のうちに使用可能になる予定である。ドイツには間に合わなかったが、日本に対しては使うことができる。このことは軍部でもごく一部の人しか知らない最高の国家秘密であるが、これをどのように使うかは、単に純軍事観点のみでは決められない問題であり、国務省や科学者も含めて検討したい。その暫定委員会の問題でご協力願わねばならないので、特にこの秘密を打ち明けてご協力をお願いする。

対日戦争の勝利という観点に立てば、日本に対して原爆を効果的に利用できればそれでいいのかもしれない。しかし、それが日米関係全体にとって、はたしてどういうことを意味するのか。グルーは日夜考え込まざるを得なかったのではなかろうか。それは、だれにも相談できない問題であった。

第三波の東京大空襲が日本におけるグルーの友人たちの住む山の手と官庁街を焼き、皇居にも火が飛んだ。この東京が燃え上がる情景は、原爆問題についての答えをグルーの心中に与えたのではないか。グルーは、飛び上がるように「もはや一刻の猶予もならない」と行動を開始した。もし原爆が東京のすべてを焼き尽くせば、日本政府は消え去り、終戦の意思決定もできなくなる。アメリカは交渉すべき相手を失い、日本再建の主体も融《と》け去る。グルーにとって、それこそ悪夢だったのではなかろうか。

グルー大使は真珠湾攻撃に至るまで何度日本に裏切られても、私のライフ・ワークは日米友好関係の維持であると、不屈の努力を重ねた。ワシントンの本省には、おめでたいにもほどがある、と嘲笑する者もいた。破綻《はたん》ののち、今度は日米友好関係の再建のために、定年を過ぎて国務省に復帰し、極東局長という格下げ人事を甘んじて受け、国務次官となり、国務長官代理という実権ある地位にたどりついた。いまやライフ・ワーク完成に願ってもない好位置につけていた。しかし、もし原爆を落とされたらどうなるか。日米友好関係の再建という課題もろとも炎上してしまうかもしれない。

ただ一つ回避する方法があった。日本の早期降伏を原爆投下前に手にするほかはない。これがドーマンにも言えない理由の二つ目であったろう。

突出するグルー

五月二十八日月曜日の朝、ドーマンは依頼どおりに「大統領の対日声明」案を書いてきた。グルーは一読して結構だといい、一つの修正もなく受理した。そしてそれを持って午前九時半からの国務省幹部会（Secretary's Staff Committee＝略号ＳＳＣまたはＳＣ）に臨んだ。国務長官代理のグルーが議長である。この次官補以下八名による幹部会に、グルーは提案した。

日本に対して声明を出そうと思う。軍事的手段は絶えずとられているが、われわれとしては外交的手段によって対日戦争に幕を引くことが省としての務めである。その一つの重要な方法として、天皇制の容認を含む穏当な条件を告げる対日声明を、大統領に発出《はっしゅつ》してもらおうと思う。グルーは「大統領の対日声明」案を国務省の公的な方針に高め、大統領を説得しようとしていた。

ところが、幹部会は大荒れとなる。ディーン・アチソン（Dean G. Acheson）とマクレイシュ（Archibald MacLeish）の二人の次官補が、猛然と反発する。そしてその反論は、次第にグルーへの個人的非難の匂いさえ帯びてくる。天皇制の存続を認めれば、戦後日本の真の民主化を阻害するのではないか。なぜあなたは、封建制の遺物である天皇制にそこまで肩入れするのか。

両次官補の反発は、日本の保守的支配層と親密になりすぎたグルーに対するイデオロギー上の批判に根を置いていたが、同時に両人の職務上の立場とも関係していた。

議会担当の次官補であったアチソンは、議会は、ヒロヒト天皇と天皇制を存続させようとするあらゆる提案に激しく反発するであろう、と警告した。アメリカ世論と議会は、日本に対する厳しい処罰を求めていた。

またマクレイシュは、広報・文化の関係担当の次官補であった。しかも彼は、著名な詩人として故ローズベルト大統領の演説起草者の一人であった。彼から見れば、日本にこのような条件を提示することは、故ローズベルト大統領に対する裏切りである。アメリカ国民もこれには同意しないであろう（実際、アメリカ国民の七、八割が無条件降伏を支持していた）。いささかでも条件を付す和睦《わぼく》は、無条件降伏ではない。もしアメリカ政府が条件を変えるのであれば、国民にはそれを知る権利がある、とグルーに迫る。

　グルーはこと志に反し、自分の城であるはずの国務省幹部会内で孤立する。採決となれば否決されたかもしれない。常日ごろは民主的手続きや人に対する信義と誠実を大事にするグルーであったが、ことこの問題に関する限り、彼は不退転の気迫を示していた。グルーは、この問題を旗色のよくない採決に委《ゆだ》ねず、議論を打ち切った。彼は幹部会を支配することはできなかったが、幹部会に支配されることも拒否し、職権にもとづく行動の自由を残したのである。

　会議が終わると、彼は十二時三十五分にホワイト・ハウスに赴いて、トルーマン大統領に訴えた。

　――われわれにとっての至上の目的は、最も犠牲の少ない方法で、戦争を終えることです。太平洋の安全という基本的な戦争目的さえ達成されるなら、最も犠牲の少ない方法で戦争を終えるのが、国益ではないでしょうか。

　自分の判断では、もはや新たな軍事手段は何もいりません。日本人は一見強そうなことを言い、死にものぐるいの抵抗をしています。しかし彼らにも、実は内心負けたということがわかっている。けれども、きっかけがつかめない。われわれが「無条件降伏」を唱え、軍事的手段だけで押していく場合には、彼らは最後の一人まで戦うでしょう。太平洋の島々での戦いに示されているとおり、死を賭《と》してまで戦うのが日本人です。

しかし、もしわれわれが彼らの立場に理解を示し、配慮に満ちた言葉をかければ、全く違った日本人が表れてくるでしょう。十年の滞日経験から自分は確信します。彼らの面子《メンツ》を重んじ降伏を可能にするため、天皇制の容認を含む処遇を示すべきです。われわれにとって天皇制は、政治システムであり、君主制か共和制かどちらが望ましいかという問題でしかないが、日本人にとってはそれ以上のもの、民族の誇りと独自性にかかわる問題です。それについて理解を示せば、日本人は武器を置くことでしょう。

大統領、おびただしい犠牲を回避すべく、対日声明を出してはいただけないでしょうか——

グルー文書に収められたその草稿は、シングル・スペースのタイプ三枚にも及んでいる。長いレクチャーのあとグルーは、トルーマンに声明草案を手渡し、三日後の演説に組み入れることを考慮してほしいと求めた。

トルーマンは簡潔で実務的な言動を好み、用件は何だ、結論を早く言え、というタイプの人物だった。しかし、外交界長老のいつになく気迫を込めたレクチャーだけに、忍耐強く聞き終えた。そして「私自身も同じ線に沿って考えていただけに、お話を興味深くうかがった」と、まず原則的同意を表明した。ただ、トルーマンは、戦争終結の問題は外交と軍事の双方にかかわるので軍の指導者の意向を確かめたい。陸海軍両長官、マーシャル（George C. Marshall）将軍、キング（Ernest J. King）提督との会合を持って、そこでまずこの問題を検討してくれないか、とグルーに求めた。

そこで翌二十九日午前十一時、グルーはペンタゴンに赴いて、スティムソン陸軍長官の執務室で陸海軍の将軍、提督を前にして説得を試みた。

ロンドン軍縮の〈遺産〉

グルー国務長官代理の趣旨説明が終わると、スティムソンは待ちかねたように発言した。

「このペーパーには、一つだけ批判がある。それは、日本が幣原《しではら》、若槻《わかつき》、浜口《はまぐち》といった西洋世界の指導的政治家と同等にランクされうる進歩的指導者を生み出す能力を持っていることを、十分に論じていない点である。けれども、提案の趣旨は結構だと思う」。スティムソンは逆説的な表現で、グルーの草案が日本に対する理解と処遇を示

幣原喜重郎

若槻礼次郎

しすぎているのではなく、示し足りないと、百パーセント以上の支持を表明したのである。

スティムソンは政軍に通じる最高ランクの指導者であって、本来、知日派とは何の関係もない人だと見られていた。ところが、幣原喜重郎《きじゅうろう》、若槻礼次《れいじ》郎《ろう》、浜口雄《お》幸《さち》という三人の名前がすらすらと出てきた。アメリカ人でこうした名前を知っている人は、まずいない。天皇と東条と山本五十六《やまもといそろく》しか知らない、というのが普通であった。先の三人のうちの一人、浜口はすでに亡くなっており、幣原、若槻も第一線から退いて久しかった。

なぜこの名前が挙がったか。それは偶然ではない。スティムソンが満州事変時の国務長官であり、その前年の一九三〇年に開かれたロンドン海軍軍縮会議にアメリカの全権代表として出席していた。その際の日本側全権代表が若槻であり、彼を送り出したのが浜口首相と幣原外相であった。

浜口内閣は国際協調主義、平和主義を唱え、緊縮財政の観点から国内における軍部および右翼の強い反対を押し切って海軍軍縮を進めようとした。若槻全権も、内閣の意を受けて条約を取りまとめた。会議では、米英側がワシントン条約（一九二二年）の主力艦比率の五・五・三の実績を補助艦にも適用することを主張したのに対し、日本側は、⑴補助艦総量の対米七割、⑵八インチ（二〇センチ）砲搭載大型巡洋艦は特に対米七割、⑶潜水艦の現保有量（七・八五万トン）の保持という三大原則を要求した。

これはかなり大きな差で、会議開催後、一ヵ月たっても歩み寄れない。会談決裂か、という観測報道がしきりに流れるようになった。三月十一日、若槻はスティムソンとイギリス代表マクドナルド（J. Ramsay MacDonald）首相に意中を吐露しようとしたが、スティムソンは風邪で会合に出てこなかった。しかたなく、マクドナルドだけにでもと散会後、彼を訪ねて決意を語る。

――自分は軍縮の実現を心から望んでいるが、日本国内では妥協するよりも決裂を求める気運が強い。「もし日本の主張を若干修正して、条約を締結するとしたならば、国民は非難を私一人に集中し、私の名誉も生命も、いかなる結果を見るか図り難いのである。もとより自分は、首席全権たるを承諾したとき、自分の生命と名誉を犠牲にして顧みないという覚悟をきめ、今日までこの会議に臨んでいたのである。いま会議はようやく終わりに近づかんとしている。もし自分の尽力によって、なんとかまとまりがつくならば、自分の生命と名誉のごときは、なんとも思わない。英米両首席において、私の微衷《びちゅう》を諒《りょう》とせられるならば、日本の主張の主要なものは、ぜひこれを承諾されたい」(若槻禮次郎『明治・大正・昭和政界秘史――古風庵回顧録』)

若槻の回想によると、マクドナルドはよほど感動したらしく、顔の色を変え、黙って握手して帰っていったという。若槻が宿舎に帰ってしばらくすると、スティムソンから翌朝会いたいと電話があった。次の日、若槻が訪ねると、スティムソンは「昨日こうこういうことをマクドナルドに話されたように聴いたが、ほんとうか」と尋ねる。若槻が「その通りだ」と答えると、スティムソンは「それならば日本は、どれほどの巡洋艦を持とうというのか」と聞いてきた。

「戦士スティムソン」は「貴き者の責務」(ノーブレス・オブリージ)という古い貴族的徳目を信奉しており、政治的指導者の道義的責任感に大変うるさかった。そのためになら、大統領をもあえて面罵《めんば》するところがあった。そういう人物であっただけに、この「生命と名誉を犠牲にして顧みない」若槻の勇気ある姿勢に理解を示した。大型巡洋艦については変更しなかったものの、ついに日本の保有量をアメリカの六九・七五パーセントまで譲ることになった。日本側悲願の「対米七割」にほぼ満額回答を与えたのである。

　スティムソンの眼には、浜口、幣原、若槻らは、国内の偏狭で強硬な軍事主義者と対峙《たいじ》し、国際的視野のなかで日本の健全な発展を計る文民政治家として位置づけられていた。彼らの立場をバックアップし、強化することは、アメリカの極東における利益に資するものであった。のみならず、彼らが個人として支持を与え、提携するに価する指導者と、スティムソンは見ていたのである。

　この交渉は、外交史上に例外的な日本の完全勝利であったといえる。スティムソンは、あえて敗北した。帰国したあと、彼は日本に対して譲歩しすぎたとの批判をアメリカ国内で受けねばならなかった。だがスティムソンは自信に満ちて対応し、動ずる気配はなかった。五月十三日の上院外交委員会に出席したスティムソンは、弁護士として鍛えた技量を駆使して、アメリカと世界にとってのロンドン軍縮の正統性を説得的に論じ、圧倒的多数で承認を得た。

　一方若槻は、稀《まれ》な外交上の成功を収めたにもかかわらず、国内で猛烈に非難された。七割なければ国防が全うできないと海軍軍令部が言っているのになぜ譲ったのか、国防計画は天皇の統帥権に属するものであるのに、統帥大権を補佐する海軍軍令部の意思を無視して調印したのは不当であると、「統帥権干犯《かんぱん》」問題にまで発展したのであった。

そして「これは自分が政権を失うとも、民政党を失うとも、また自分の身命を失うとも奪うべからざる堅き決心なり」と不退転の決意を口にしていた浜口首相は、ロンドン軍縮がもとで同年十一月十四日、東京駅で右翼青年佐郷屋留雄《さごうやとめお》に狙撃《そげき》されて重傷を負い、翌三十一年八月二十六日に没した。

投げ返された「大正デモクラシー」

老スティムソンは、このような日本の大正デモクラシー時代の最後を飾る政党指導者である三人を忘れていなかった。十五年を経て、日本が今まさに滅びようという瞬間に、その三人の名前を口にし、敗戦日本を寛大に取り扱ってよいと示唆したのである。近代日本史にも良き事績があった。プロシャ的軍国主義化は日本の一つの流れであったけれど、大正デモクラシーの時代に憲政の常道を築いたのも日本であった。その日本自身が築いた良き流れを戦後の日本にお返しする、というのがスティムソンの発言の意味合いであった。

つまり、一面的に軍国主義化した日本を破壊し処罰するのではなく、中断したとはいえ近代日本のなかで育った民主化の良き伝統を「復活させる」かたちで、戦後日本を作り変える。戦後の民主主義はその上に作ればいい。天皇制下の民主主義も可能であろう。いいではないか。日本人が最も望んでいるのなら、それもいいではないか。〈大正デモクラシー〉は一部のアメリカ人に受けとめられ、スティムソンによって終戦時に日本に向かって投げ返されたのである。

　スティムソンとグルーの努力によって作られた「ポツダム宣言」には「日本政府は、日本国民のうちに民主的傾向が復活され強化されるよう、それに対する一切の障害を除去せねばならない」（第十項）という条項がある。言いかえれば、近代日本にも民主主義の流れがあったということを評価して、それをさらに「復活し」強化する。それが戦後の民主化であり、占領改革の筋である、ということである。したがって、民主化の主体は「日本政府」であり、間接統治が許容されることになる。

　敵国を破壊し、断罪するという方向に戦時のアメリカ世論が傾きがちななかで、これは伸びやかな、温かい配慮を伴ったものである。その観点をグルーとスティムソンという二人の老人が、日本が倒れようとする瞬間に加味したのであった。

四 「ポツダム宣言」による終戦

グルーからスティムソンへ

政治・軍事の双方にまたがる性格の問題についてのスティムソンの発言は、圧倒的な重みを持っていた。最初にスティムソンがこれほどに明確な判断を下した以上、陸海軍関係者のなかに異を唱えるものはいなかった。ただマーシャル陸軍参謀長が、「私もこれにまったく賛成である。ただ、今これを発するのは時期尚早だと思う」と発言したのである。タイミングについては、スティムソンも同意見であった。

だれ一人として、「時期尚早」の理由を問わんとする者はおらず、この言葉が会合の結論となった。対日声明は「原則において同意された。しかし、明らかにされないある軍事的理由から、大統領が今ただちにこの声明を行うことは好ましくない」という結論を、グルーは失意のうちにトルーマン大統領に報告せねばならなかった。「ある軍事的理由」とは原爆のことであった（Stimson Diary）。グルーは対日声明草案の形成について、自身の持つ職権と個人的影響力をすべて出し尽くして戦った。し

H.L. スティムソン

かし「無条件降伏方式の緩和」についての一般的合意までがグルーの「政治的影響力」の限界であり、その実施時期は先送りされることになった。

そのグルーの運ぼうとした「対日理解と対日政策」を受け取って走るのが、「政治的影響力」豊かなスティムソン陸軍長官とマックロイ (John J. McCloy) 陸軍次官補のコンビであった。六月に入って、トルーマンは「対日声明を来るポツダムでの会談において発する」ことを決定した。結局対日声明は、トルーマン大統領の個人声明ではなく、「ポツダム宣言」として米・中・英三国の共同声明というかたちに拡大される。

七月二日午前十一時、スティムソンは「ポツダム宣言」草案とその趣旨説明書を「スティムソン・メモ」としてトルーマン大統領に手渡した。それには「現皇室のもとでの立憲君主制」を容認するくだりを含む、早期降伏した場合の対日条件が示されていた。これを読んだ大統領は、「明らかに感銘を受けた」様子であった (Stimson Diary)。スティムソンは会見の最後に、「率直におっしゃっていただきたい。私に会談への随行をお求めにならないのは、私が旅行に堪えないことを惧《おそ》れておられるからでしょうか」と切り出した。先にも述べたように、スティムソンは七十七歳であった。トルーマンは笑いながら、「そのとおりだ」と答えた。

トルーマン大統領は、ポツダムへは翌七月三日に新国務長官に就任するバーンズを随行させ、グルーもスティムソンも連れていかないことにしていた。しかし翌日スティムソンと再度会見し、ポツダムでも「近くに」いて助言してもらいたいと求めた。スティムソンは即座にマックロイを伴って旅行すると答え、ポツダム会談に「押しかける」ことに成功した。

ポツダムでスティムソンは、決定的な役割を果たす。彼は一方で、原爆開発の総責任者でもあった。ポツダム会談中の七月二十一日、スティムソンはトルーマンに原爆実験の成功を告げる電報を読んで聞かせた。この時期、トルーマンはスターリンとの厳しい交渉に苦闘しており、スティムソンがもたらす原爆に関する情報によって精神的に支えられていた。

トルーマンも意外にできる大統領であった。ローズベルトのように偉大な構想は持っていないが、実務的に間違いなく事を進めていった。イエスとノーがはっきりしており、スターリンにも不用意に付け込まれはしない。しかし、何といってもスターリンは、怪物といってもいいカリスマである。イギリスのベバーブルック卿（Lord Beaverbrook）がスターリンと交渉してノイローゼ気味になったように、上品な、教養を持つ人間の神経には耐えられないような野蛮さをも、必要なら臆《おく》せず使った。トルーマンも負けずとがんばるが、やはり格が違った。

京都除外と天皇制の保証

そうしたなかでスティムソンは、アメリカが革命的な力を手にしようとしていることを大統領に伝え続けた。トルーマンは最大限の感謝の念を老人に表した。願いごとをしやすい状況にあるスティムソンは、日本に関する二つの特殊な問題について、若いトルーマン大統領に特別な個人的影響力を行使した。第一は、原爆投下の第一目標であった京都を目標から除外することであり、第二は、天皇制について日本に配慮を与えることであった。

すでに五月十一日、ワシントンで原爆投下地を検討していた目標委員会（Target Committee）は、最高ランクの候補地として京都と広島を選んでいた。その後、両者の間にも格差が設けられ、京都こそ最初の原爆投下の最適地とされた。

その理由には、京都がまだ爆撃を受けていない日本の主要な百万都市であることをはじめとして、三方が山に囲まれているという爆発効果を高める地理的条件や、京都師団があり、軍需関係工場が空襲のないこの地に集まってきているという実際的事由ないし正当化事由があった。しかも京都が千年の都であり、日本における知的・文化的中心であるゆえの日本人に対する心理的ショックの大きさが重視された。実施関係者にとって京都は、実験地としてあらゆる意味で最適であった。

それに対してスティムソンは五月三十日（あのペンタゴンの会議で、幣原、若槻、浜口の名を口にした翌日）、京都が日本の歴史と日本人の心に持つ重要性を説明して、拒否した。彼は、日本国民に修復不可能なほどの心理的傷を与えてはならないと、戦時にあって戦後の友好関係再建を視界に入れる広い観点から、これを慎むべきであると考えていた。

七月二十二日、ポツダムのスティムソンのもとにワシントンから電報が届いた。「当地で準備に携わっているあなたの軍事助言者は、こぞってあなたのお気に入り《ペット》の都市《シティ》（京都）を断固として求めており、第一選択として用いる自由を欲しています」。スティムソンはただちに「私の決定を変更すべき何らの要素もない」と強い調子の拒否電報を打ち返したうえで、トルーマン大統領に持ち込んだ。

「このような無分別な行為によって生ずる悪感情は、戦後長きにわたって日本人が、ロシア人ではなくわれわれと和解することを不可能にするかもしれない」、すなわち「米国に好意的な日本という、われわれの政策上の要請を阻止する」結果となる。スティムソンはそうトルーマンに訴えて、京都除外についての理解を求めた。トルーマンは即座にスティムソンへの同意を、強く表明した。

もう一点は、天皇制の問題であった。「ポツダム宣言」草案では、バーンズ新国務長官の修正によって、天皇制存続の保証に関する言及部分は削除されていた。二十四日、スティムソンはトルーマンに対して天皇制存続を声明文から削除せざるを得なかったことへの遺憾の意を表し、このうえは「もしこの一点ゆえに日本人が戦いつづけるようであれば、大統領が外交チャンネルを通し口頭で保証を与えることを考え、注意深く事態を見守っていただきたいと思う」と要請した。トルーマンは、そのことは自分も考えており、そのように取り計らおう、と即座に約束した（Stimson Diary）。このことが、終戦交渉のなかで生きてくる。

「黙殺」の悲劇

一九四五年（昭和二十）七月二十六日、実質的に講和条件の緩和が施された対日「ポツダム宣言」が、米・中・英三国の名で発表された。

東郷茂徳外務大臣はただちに、「無条件降伏を求めたものに非ざることは明瞭」であると評価した。また「占領も地点の占領」であって「保障占領であって広汎なる行政を意味していない点は、独逸《ドイツ》降伏後の取扱いとは非常なる懸隔がある」と受けとめた。ほぼ正確に「ポツダム宣言」の意味を読み取った東郷外相は、天皇と最高戦争指導会議にその趣旨を説明して、「これを拒否するが如き意思表示」は「重大なる結果を惹起《じやつき》する」惧《おそ》れがあるとの判断を示した。鈴木首相もこれに同意して、とりあえず日本政府は公式の対応を避け、慎重に検討することにした。

しかし、陸海軍内部に強い反発が生じた。敵の重大な対日宣言に対して政府が何の反駁《はんばく》もしないことは将兵の士気にかかわる、との抗議が前線から軍中央部に向けられたのである。二日後の二十八日、陸海軍の強い要求を受けた鈴木首相は、記者会見の席での記者の質問に答えるかたちで、「何等《なんら》重大な価値あるものとは思わない。ただ黙殺するだけである。われわれは断固戦争完遂に邁進《まいしん》するだけである」と述べた。『鈴木貫太郎伝』は、鈴木が「黙殺」を「ノー・コメント」ほどの心持ちで用いたところ、「リジェクト」(拒否)の意味に解されたと説明している。実際には、'ignore it entirely'(完全に無視する)と訳されて国外に伝えられた。「完全に」の修飾語を添えたことに問題があるにせよ、当時、日本政府がこれを受諾する決定をなし得ない事情にあった以上、外電が「無視」の訳で「拒否」の意向と伝えたのは、誤っていなかったと言えよう。二週間以内にイエスの返事をしなければ、ノーと解するのが国際慣行であろう。

日本政府内の外務省と和平派政治家は、グルーやスティムソンの意図したところを読み取って、この呼びかけに対して速やかに反応する必要を感じていた。しかし、「黙殺」談話を余儀なくされたことが示すように、なお政府内政治において陸軍に勝利することができず、空しく時を過ごす結果となった。

八月六日午前八時過ぎ、広島に原爆が投下された。しかし、日本で最高戦争指導会議が開かれたのは、ようやく九日になってであった。日本政府内の日ごろのペースから言えば、それは特別に遅い動きではなかったかもしれない。けれども、原爆投下から確認までに二日、さらに最高戦争指導会議開催までにもう一日、計三日の遅延は、危機的状況においては犯罪的な緩慢さであった。もしこの遅延がなければ、二つめの原爆、およびソ連の対日参戦とその「政治的代償」は実施するに至らず終わったかもしれない。危機の国際状況は、この三日間の遅延を許してはくれなかった。

九日午前四時ごろ、モスクワ放送は突如、対日宣戦布告を報じ、外務省ラジオ室と同盟通信がこれをキャッチした。鈴木首相の脳裡《のうり》には、「満ソ国境を堰《せき》を切ったように進攻して来る戦車群」が映った。鈴木は、「いよいよ来るものが来ましたね」と静かにつぶやいて、この瞬間に「ポツダム宣言」受諾を「実行に移すのは今だ」と決断したという（鈴木一編『鈴木貫太郎自伝』）。

　構成員のみによる最高戦争指導会議が、午前十一時近くに始まった。鈴木首相は、原爆投下とソ連の参戦によって「ポツダム宣言」を受諾するほかなくなったと思われるが、意見を聞きたい、と切り出した。重苦しい空気のなかで、さすがに「ポツダム宣言」受諾に対して全面的に反対する者はいなかった。東郷外相は国体護持のみを条件として受諾することを説いた。阿南惟幾《あなみこれちか》陸軍大臣と梅津美治郎《うめづよしじろう》陸軍参謀本部総長は、戦争犯罪人、武装解除、占領の範囲についても条件を必要とすると主張した。「原子爆弾の惨禍が非常に大きいことは事実であるが、果して米国が続いてどんどん之を用い得るかどうか疑問ではないか」。すなわち、広島に投下された爆弾が、アメリカが保有している唯一のものかもしれないというわけである。その直後に、二個目の原爆が長崎に投下されたとのニュースが伝えられた（「豊田《とよだ》副武《そえむ》手記」、『終戦史録』所収）。

　原爆は一個だけという希望的観測は無惨に打ち砕かれたが、意外にも当時アメリカが持っていた原爆は、この二個がすべてであった。しかし二個目が投下されたあとには、陸軍指導者といえども「この二個が全部だ」と主張することは、幸いにももはやできなかった。0と1には無限の差があり、1と2も質的に異なるが、2まで来れば、あとは連続的に続くと考えねばならなかった。

それでも陸軍代表は、前述の四条件が必要だとがんばった。国体護持については全員が一致し、武装解除については阿南陸相と梅津参謀総長のほかに、豊田副武海軍軍令部総長も賛同した。東郷外相は、国体護持以外の条件を求めれば終戦交渉は不可能になると説いたが、米内光政《よないみつまさ》海軍大臣が賛同した以外、三人の軍代表は強く抵抗して譲らなかった。四条件論は、事実上の「ポツダム宣言」拒否の主張であった。

午後二時半からの閣議、休憩をはさんでの六時半から十時までの閣議においても、同じ議論がくり返された。前述のように、全会一致制をとる明治の制度の下では、陸軍があくまで反対する限り、政策変更は不可能であった。

「御聖断」を仰ぐの外なし

そこで鈴木首相は、決定の遅延と総辞職の双方を回避するため、御前会議を開催して天皇の聖断を仰ぐという、異例の手続きをとることを決意した。木戸幸一内大臣を中心とする終戦派の政治家がすでにその根回しを進めていた。午後十一時五十分、宮中の防空壕内の一室において、天皇臨席のもとでの最高戦争指導会議が開かれた。平《ひら》沼騏一郎《ぬまきいちろう》枢密院議長が出席者に加えられた。

迫水《さこみず》書記官長が鈴木首相の指示によって「ポツダム宣言」を朗読したあと、東郷外相が冷静に理路整然と国体護持のみを条件として受諾すべきと説いた。米内海相が簡潔に外相案に同意を示した。それに対して、阿南陸相が「外務大臣の意見に全然反対」と前置きして、「一億枕を並べて倒れても」死中に活を求めるとの熱弁をふるう。少なくとも四条件が必要である、と両の頬を涙でぬらしながら、声を励まして痛論した。阿南自身が降伏の必要を認めたとしても、陸軍内に猛反対や反乱が生じては、決定が意味をなさなくなる惧れがあった。梅津参謀総長も、口調は静かであったが、「無条件降伏しては戦死者に相済まず」と陸相に同意する。豊田軍令部総長も陸相案に「概《おおむ》ね同意」した。

平沼枢密院議長は各責任者に質問を行ったあと、外相案に「趣旨に於て」賛成しつつ、文言を「天皇の国法上の地位」から「天皇統治の大権」に改めることを求め、決断は聖断によるべきだとの意見を付け加えた。ともあれ、陸軍を中心とする強い反対があって、鈴木首相を除く御前会議の参加者の意見は三対三の真っ二つに割れた。時間はすでに八月十日午前二時であった。

そこで鈴木首相が立ち上がった。自らの意見を表明するのかと思われたが、発言は手続き上の宣言であった。

「すでに長時間にわたり審議せられ、意見の一致を見ざるは甚だ遺憾である。事態は重大にして一刻の猶予も許さない。このうえは恐懼《きょうく》にたえぬが御聖断を仰ぐの外なし」。そう語ると玉座に向かって進み出ようとした。一瞬、その場に「驚きの気配」が走り、阿南陸相は「総理」と声をかけて、引き戻そうと試みたようであった。しかし「耳の遠い」総理に、これが聞こえたのか聞こえなかったのか、そのまま天皇の前に進み、最敬礼して聖断を求めた。

鈴木首相は「事態は重大にして一刻の猶予も許さない」と天皇に断を求めた。それに対して天皇は、セクショナル・インタレストを超えた大局的、合理的判断を口にしたのである。

天皇は鈴木首相を席に戻して、静かに口を開いた。「外務大臣の意見に賛成である」。一同は頭を垂れた。言葉を切った天皇は、白い手袋をはめた親指で曇った眼鏡の裏をぬぐった。「念のため理由を申しておく」

「従来、軍は勝利獲得の自信があるといってきたが、今まで計画と実行とが一致していない。九十九里浜の築城が八月中旬に出来上がるということであったが、まだ出来ていない。新設師団を作っても、渡すべき武器も整っていないということだ。これではあの機械力を誇る米英軍に対して勝算はない。

このまま戦争を続ければ、無辜《むこ》の国民に苦悩を増し、ついには民族絶滅となるだけでなく、世界人類をいっそう不幸に陥れることになる。股肱《ここう》たる軍人から武器を取り上げ、また戦争責任者として引き渡すことは忍びがたい。しかし大局上、明治天皇の三国干渉の際にならい、耐えがたきを耐え、忍びがたきを忍んで、人民を破局より救い、世界人類の幸福のために、こう決心したのである」（「保科善四郎手記」、『終戦史録』所収）

陸軍が組織を賭けて「ポツダム宣言」受諾に抵抗しているなかでは、内容的、合理的に反駁できないという思いを持たせる言葉が必要であった。天皇であるからといって、結論的に、外務大臣の言うように「ポツダム宣言」受諾は国体護持だけを条件にしたらよろしい、とだけ述べたのでは、その場では、ははぁー、と平伏しても、あとで、副署《ふくしょ》できませぬ、と陸軍大臣が言い出したらおしまいであった。政府決定は、閣僚全員が副署して、輔弼《ほひつ》の責にある各大臣が印を押さなければ、法的効力はなかった。その意味では、天皇の言葉を聞きながら、内容的に理にかなっていると感じただけでなく、全員が民族の運命を実感し涙したという要素もまた、無視できなかった。

「天皇の国家統治の大権を変更するの要求を包含し居らざることの了解の下に、帝国政府は右宣言を受諾す」

御前会議後に行われた、午前三時からの首相官邸での閣議における決定によって、「聖断」は正式の政府決定となった。そして外務省が中立国のスイスとスウェーデンに向けて「ポツダム宣言」受諾の正式英文を打電したのは、十日午前九時であった。

「ポツダム宣言」受諾——「また復興の光明も」

八月十一日正午、バーンズ米国務長官名の連合国の返書がスイスに向けて打電された。正式回答がスイス経由で東京に届くのに十六時間以上を要したが、アメリカ政府が対日回答をニュースとして流したため、日本政府はサンフランシスコ放送によって、十二日午前二時ごろにはその内容を知った。ところが、この回答に対して、猛然たる反発が生じたのである。

放送された回答の中に、「降伏の瞬間から、天皇と日本政府の国家統治の権限は連合国最高司令官に従属（subject to）する」「最終的な日本政府の形態は、『ポツダム宣言』に従って、日本国民の自由に表明される意思により樹立される」との一句があった。これに対して、天皇と日本政府が最高司令官に「従属」するのは「帝国の属国化」を意味する、政治形態を国民の自由意思により決定するのは「国体」にもとる——と、陸軍だけでなく、海軍軍令部や平沼枢密院議長も猛反対運動を展開した。

終始一貫して即時終戦論をリードしてきた東郷外相も、午後三時からの閣議において、正式回答が未着であることを理由に決定を延期させるのがやっとであった。事態は、夕刻到着した正式回答を翌朝まで受理しなかったように、外務省が細工をしなければならないほど深刻であった。

十三日午前九時から最高戦争指導会議が開かれ、午後四時から閣議が持たれたが、議論は果てしなくくり返されて、合意に至ることはできなかった。そこで十四日午前十時五十分、再度の御前会議が開かれた。この時は両総長が御前会議開催を求める文書に署名しなかったため、天皇の召集という異例のかたちがとられた。このたびは、最高戦争指導会議と閣議の合同御前会議のかたちであった。

再度判断を求められた天皇は、まず「私の考えはこの前申したことに変りはない。……国体問題についていろいろ疑義があるとのことであるが、私はこの回答文の文意を通じて、先方は相当好意を持っているものと解釈する。……要は我が国民全体の信念と覚悟の問題であると思うから、この際先方の申入れを受諾してよろしいと考える、どうか皆もそう考えて貰いたい」と語った。

そして天皇は国民の苦難を語りながらも、「日本がまったく無くなるという結果にくらべて、少しでも種子が残りさえすればさらにまた復興という光明も考えられる」と平和回復の大局的合理性を説いた。そして、「自分はいかになろうとも、万民の生命を助けたい」と口にした。

「今日まで戦場に在って陣歿《じんぼつ》し、或は殉職して非命に斃《たお》れたる者、又その遺族を思うときは悲嘆に堪えぬ次第である。また戦傷を負い戦災をこうむり、家業を失いたる者の生活に至りては私の深く心配する所である。この際私としてなすべきことがあれば何でもいとわない。国民に呼びかけることがよければ私はいつでもマイクの前にも立つ。一般国民には今まで何も知らせずにいたのであるから、突然この決定を聞く場合動揺も甚しかろう。……どうか私の心持をよく理解して陸海軍大臣はともに努力し、よく治まるようにして貰いたい」（下村海南『終戦秘史』）

異を唱える者は一人もなかった。乾いた目で若き君主を正視し得た者も一人もいなかった。一同は、この言葉に日本民族の運命を共に感じて泣いた。午後一時からの閣議において、「聖断」の際の発言をいかしながら迫水書記官長が用意した終戦の詔書に、阿南陸相を含む全員が副署を行った。そして午後十一時、それを待ちかねたように「天皇陛下は日本のポツダム宣言受諾に関する詔書を発した」という電報が、スイスに向けて打電された。

ちなみに、天皇が「自分はいかになろうとも」という重大な言葉を口にしたのは、だれか側近の進言によるわけではなかろう。当時天皇の側近にいた者は、木戸幸一をはじめ合理的な考え方をし、もし天皇が事前に自分はこう述べたいがと言えば、止めようとしたであろう。うかつにそのような言葉を口に出せばどうなりましょうか。陛下に国民の運命がかかっているのですから、ここで引かれてはなりません、と言ったであろう。

したがって、このぎりぎりのところでは、天皇個人が自分自身の思いから出した言葉としか考えられない。また、説得するためのレトリックとして語ったものとも思えない。おそらく天皇は、戦争を阻止できなかったことを悔い、自らの運命がどうなろうとここで悲劇をくい止めることが自らの責任である、と考えていたのであろう。

歴史は逆説に富んでいる。自らの立場を守るために戦うのが通常であるが、それを捨ててからねば事が成就しない瞬間がある。天皇は自らを諫《いさ》めて国家と国民を救いたいと口にした。そのことが反対者陸軍の同調をもたらした。本土決戦前の早期降伏が実現されると、この実績が皮肉にも天皇の運命をも救うことになるのである。

第三章　占領と改革

皇居前広場で行われた米軍閲兵式（中央がマッカーサー元帥）

一　降り立った占領者

計画と実際

世の中、計画どおりにはいかないものだ。およそもののわかった人なら、だれでもそのことは知っている。単純な実験なら、ほぼ計算どおりにいくことも多い。しかし、人間や社会のことについては、大計画を立てても、思わぬ要素が働いて、すっかり違った結果になってしまうことが少なくない。

政治のジャングルで苦労した者は、「一寸先は闇《やみ》」と言う。合理的に考えれば正しいと思うことが、そのまま通るものではない。力ある者が暴れまわれば、当初の理想案など吹っ飛んでしまう。その力ある者とて、思いどおりに状況を支配し切れるわけではない。歴史に単一の支配者はいない。どんなに強そうに見える者も、状況をかたち作る一コマでしかない。

だから利口な実務家は、あまり先のことまで考えない。大構想を立てるよりも、とりあえず今日決めねばならないことに全力を注ぐ。それも完全なあるべき決定などに拘泥《こうでい》しない。前例と経緯を切断して「なすべき」ことをやろうとすると、必ず抵抗が生ずる。体がいくつあっても足りない。政治家は、たいていの場合、「なすべきこと」よりも、抵抗なく「できること」に沿って懸案を処理する。状況の流れに乗って、とりあえず無理のない決定を、そのつど下すのが実際家というものである。

その点から言うと、アメリカが戦争中にワシントンの会議室で作った戦後計画は、たいへんに壮大すぎるものであった。壮大な戦後計画のなかで、対日占領政策はほんの一コマにすぎない。また日本占領の細目まで準備したわけではなく、大枠を定めたにすぎない。それでも実務の常識から言えば、途方もなく壮大な計画であった。非軍事化と民主化の線に沿って、日本社会を根底からすっかり作り変え、日本人を「再教育」しようなど、平時のまともな人間が考えるはずのない夢想だと言わねばなるまい。

はたして、ワシントンで用意された占領政策どおりに、実際の占領がいくだろうか。アメリカ政府は日本を思いどおりに作り変える強い意思を持っていた。「無条件降伏」の大方針は、その意思の表明であった。敵がどんな条件でも受け入れる気持ちになるまで、軍事的にカタをつける方針である。それは乱暴な方針である。しかし、アメリカ政府は権力意思の強さからそれを求めただけでなく、それが大義に沿う使命であると信じていた。

前例のない総力戦を二度まで二十世紀に経験して、三度侵略戦争が始められないように、敵国の戦争能力を徹底的に破壊し、敵国民が平和と民主主義を心から望むようにしなければ、勝者の務めを果たしたことにならないと考えていた。だからこそ、敵国処理について白紙委任を求める「無条件降伏」を追求した。

早くも計画の修正

しかし、何事も計画どおりにはいかないものである。前章で見たように、早くも占領に入る前、対日終戦の過程で、日本に対する「無条件降伏」の方針は修正された。何故か。

理由は複合的である。一つには、日本人はもともといい奴《やつ》だという一部知日派の見方があった。近代日本はもともと親英米的であり、日本人は勤勉にして有能、丁寧でこまやかな心くばりができ、美を愛《め》でる精神の持ち主である。「鬼畜米英」を叫ぶ軍国主義日本の姿は一時の逸脱にすぎない。誤った軍国主義者の指導から解放されれば、日本国民は良き伝統に立ち帰るであろうという日本理解である。

その立場に立てば、日本を徹底的に軍事力で破壊するのは、無知に基づく不必要な蛮行ということになる。アメリカ国内の「唯一の良きジャップとは死んだジャップである」という戦時ヒステリーを伴う日本観も誤りである、ということになる。そのような考えを支持するのは、ほんの一握りの知日派のみであったが、彼らが日本知識を独占し、対日占領政策の原案起草権を与えられていたため、ある程度の影響力があった。

知日派以外の中立的な実務家の間では、コスト・ベネフィット（費用／成果）の感覚が重要であった。「無条件降伏」によって日本から白紙委任をとりつけるのが望ましいとして、ではそのコストはいかほどか。硫黄島や沖縄における日本兵の死を賭《と》しての抵抗を見れば、日本本土制圧のコストは安くないものと考えねばならなかった。アメリカ人はプラグマティストである。日本本土上陸作戦が何十万ものアメリカ青年の血を吸いとるとすれば、アメリカ政府指導者は、コストとの関係でより合理的な方策を見出さねばならなかった。

一九四五年（昭和二十）五月二十八日のグルーのトルーマン大統領に対する説得が、原則的に了承されたのは、言いかえれば「無条件降伏」の原則の実質的修正が認められたのは、この論法にのっとっていたからであろう。極端な言い方をすれば、日本人を皆殺しにすることによってアメリカの言うことを聞かせるのではなく、日本人が受け入れられる穏当な条件を示すことによって日本人の同意と協力を得ることの方が、コスト・ベネフィットから言えば望ましいということになる。

そして、ドイツの「先例」が問題であった。アメリカ政府のプランナーにとって、ドイツ占領政策は日本占領を考える際のモデルであった。しかし、ドイツが日本よりも三ヵ月早く、五月に敗れた結果、ドイツは逆の意味の「先例」としても意識されるようになった。たとえば、スティムソン陸軍長官は、腹心のマックロイ陸軍次官補がドイツ降伏直前に同地を視察した報告を日記に書きとめている。――それは、この世のものとは思えない地獄絵である。これがあの偉大な才能と活力に満ちたドイツ民族の姿なのか。

全土にわたる廃墟のなかで茫然自失《ぼうぜんじしつ》するドイツ人の状況を聞いたスティムソンが、日本に対する「無条件降伏」の事実上の修正に向かって走ったのはもっともであろう。「無条件降伏」の原則を貫徹することによる現実の答えが「地獄」のドイツであるとすれば、ドイツの「先例」は、「模範」ではなく、二度とくり返してはならない「誤り」と見なされざるを得ない。ドイツは、反面教師の効果をも対日政策に果たすことになる。

そして、戦争の最終段階で、グルーとスティムソンが共有した見解は、結局のところ戦後日本を友人にしなければならないという立場であった。日米友好関係の再建ができるような戦《いくさ》の終わり方をしなければならない。日本人を自暴自棄《じぼうじき》に走らせてはならない。天皇制への理解を示し、日本に再生への希望をも与えて、日本人の心をとらえねばならない。京都には原爆を投下してはならない。戦後の極東において日本人がロシアにではなく、アメリカに心を寄せるようにせねばならない。

早期降伏にも、占領統治にも、そして戦後の日米関係にも、日本人の協力が必要である。それは力の行使のみによっては得られない。大局観に立った配慮が必要である。そうした観点から、日本本土上陸作戦前の早期降伏を達成しようと、スティムソンは一方で原爆投下を、他方で「ポツダム宣言」による条件提示を行うよう大統領を説得した。

二つの原爆投下とソ連参戦のあと、日本政府はかろうじて「ポツダム宣言」の条件の下で降伏するとの統合的意思を示すことができた。終戦交渉のなかで、占領下においても天皇制と日本政府が存続すること、そして最終的な政治形態は日本国民が決めることが、アメリカ側によって確認された。日本側にはなお強い反発があった。天皇が連合国最高司令官に「従属する」こと、日本国民の意思が天皇制を左右することは、「国体にもとる」というわけである。この反対論に対して、昭和天皇自身「いいではないか。日本国民に支持されない天皇制では仕方あるまい」と語って抑制した。「ポツダム宣言」受諾によって元来の立場を変えたのは、日本政府だけではなかった。アメリカ側も「無条件降伏」の方針を、日本に対しては修正する結果となった。さらに、一九四四年のPWC、四五年六月十一日の「SWNCC一五〇」において合意した、日本政府を解消して直接軍政を布《し》くという方針をも修正せねばならなかった。

　このように、ワシントンでの「計画」は、早くも終戦に至る状況のなかでの変更を余儀なくされたのである。東京における実施に際して、一体、どれほど変更されることになるのだろうか。勝者と敗者は対等ではない。勝者が圧倒的に強い立場に立っている。にもかかわらず、勝者にとっても占領統治は「相手のあること」である。日本人の心をとらえようとの配慮は賢明であるが、そのことは勝者の「できること」に制約を課す。日本国民の協力心を破壊するようなことはできないということを意味する。

　この微妙な支配と被支配の関係、力と心の関係、強制と協調の関係を、この章で検討しておきたい。

ほほえましい誤解

すべての計画は、前提となる状況を想定したうえで立てられる。ワシントンでの対日プランの前提は、日本がドイツと同様に最後まで本土で抵抗する状況であった。この想定を疑う者は少なかった。勇敢で狂信的な戦士である日本人が、ドイツ人よりものわかりよく武器を置くことは期待できない。したがって、南九州上陸作戦（オリンピック）、関東平野侵攻作戦（コロネット）を敢行し、物理的支配を設定したうえで「無条件降伏」を強いる。その際に、「直接軍政」を行うことは不可避である。

こうした前提は、最後の二、三ヵ月でくずれる。グルーやスティムソンが、早期降伏のためのシナリオとして策定した「ポツダム宣言」を、トルーマン大統領が米・中・英の三国共同声明として発し、日本政府がそれを受諾したからである。

それは、政府と軍部の実務レベルで用意された対日プランを、上から切断して、トップ・レベルで政治決着を断行した感があった。ということになると、実務レベルがついていけないという事態が生じうる。事実、国務省の幹部会と実務レベルは、七月二十六日に発せられた「ポツダム宣言」に対してアレルギーを起こす。それがいかに国務省本来の立場から逸脱したものであるかの一覧表を作って批判し、一時は大統領に直訴するとすごんで、グルー次官を責めたてた（国務省文書、幹部会議事録）。

日本占領の実務を担当する陸軍はどうか。きわどいところで、陸軍は日本の早期降伏に対応することができた。陸軍プランの本流は、言うまでもなく日本本土上陸作戦であった。しかし、陸軍省作戦部のグッドパスター（Andrew J. Goodpaster, Jr.）中佐が、日本が早期に降伏した場合のプランも用意すべきだとの意見具申を、五月に上司の戦略作戦課長リンカーン（George A. Lincoln）准将に行った。グッドパスター中佐の提言は、実際に日本の早期降伏の可能性を予想したからではなく、その理論的可能性が否定できない以上、いかなる場合にも備えておくべきだという趣旨からのものであった（グッドパスター氏の筆者への談話）。

上司のリンカーン准将はグッドパスターの言葉に耳を傾け、その上司のマーシャル参謀総長はリンカーンを信頼していた。アメリカらしい余裕と風通しのよい決断が、アメリカ軍部を救う。早期降伏の際の日本進駐作戦は、それを実施するマニラのマッカーサー司令部において作成するよう命ぜられた。こうして「ブラックリスト」と呼ばれる平和的進駐作戦が、マッカーサーの下で作られる。

その際、興味深いのは、七月段階でマッカーサーが、日本軍政にあたっては、天皇と日本政府を用いることの許可を求めている点である（陸軍省文書）。実務責任者としては、不充分な準備で、ファナティックな日本国民全体を敵に回すような軍政をやらされるのはかなわない、と感じたのかもしれない。積極的に言えば、この青い目の軍人が、日本国民の心をとらえることの重大さを解する政治的センスの持ち主であることの証左かもしれない。

このマッカーサーの要請は、ポツダムにいる最高指導層に通じられたが、七月二十五日付で却下された（陸軍省文書）。まだ「ポツダム宣言」が日本に受け入れられる保証もない段階で、安易な想定に立つ立案は賢明でないと判断したのであろうか。いずれにせよ、その結果マッカーサーの「ブラックリスト」作戦は、直接軍政を想定して作られた。

このプランは、ものものしいしろものである。戦闘下の上陸作戦ではなく進駐作戦だというのに、八十万もの大軍を計上し、ほぼ完全武装で日本本土に向かう。日本の中央政府が仮に降伏を決定したとしても、各地方司令官レベルでの独自の戦闘はありうる。たとえ本格的な組織的抵抗がなかったとしても、散発的ゲリラ戦やテロ活動は避け難い。一番よくて、敵意に満ちた冷やかな眼で日本国民が米軍進駐を見つめる状態、と想定している（*Blacklist*, マッカーサー記念館蔵）。太平洋の島々での日本兵のファナティックな抗戦が脳裏に焼きついていたようである。

それだけに、日本本土に緊張して銃口をみがきながら上陸したアメリカ兵にとって、日本人の反応は驚きであった。日本人の目に不安はあるにせよ、敵意はほとんど感じられない。好奇の眼、時には好意と憧憬《しょうけい》の光すら感じられる。一体、どうなっちゃったのだろう。

陽気なＧＩが試みに愛嬌《あいきょう》を振りまくと、日本人の間に空気がゆるみ、さざ波が起こる。本当か。好意をもって、われわれを迎えようとしているのか。どうやら、死に至るまで抵抗する戦士、という日本人イメージが誤解であったらしい。降伏後はまったく違った日本人が現れたようだ。期待値がマイナスであっただけに、生《なま》の日本人に触れた時の安堵《あんど》は大きかった。

日本側はアメリカ兵をどう見たか。これまた期待値は低かった。「男は奴隷、女は犯される」と大真面目に説く者もいた。アジア大陸に転戦した経験のある者は、侵攻した地での兵士の荒れた心理状態や掠奪《りゃくだつ》のすさまじさを記憶していた。敗者となる日本の受くべき運命は、それから推して甘かろうはずがなかった。

この期待値から見て、上陸してきたアメリカ兵は意外であった。もちろん一部に不祥事もあったが、全般に軍紀はよく守られ、明るく陽気なアメリカ人であった。生のアメリカ兵に触れてみれば、子どもたちにチューインガムをくれる人の好いアメリカ人であった。

こうして、太平洋の死闘ののち、本土決戦を回避し得て、日米両国民は再び出会った。双方とも、最悪の日本人、アメリカ人を想定していた。再会してみれば、それは杞憂《きゆう》であった。それはかえって安堵と友情をもたらす契機となった。マッカーサーの日本着陸の情景は、この変化を劇的に表現する効果をもった。

一九四五年八月三十日、厚木に降り立ったマッカーサー最高司令官は、先遣隊の報告によって、この変化をほぼとらえていたであろう。それでも、愛用機バターン号から姿を現した彼がコーンパイプをくわえて、サングラス越しに日本の大地を見渡し、悠々と降りてきた情景は、ある驚きを伴って「平和」の到来を告げた。九月二日のミズーリ号艦上での降伏文書調印式においても、マッカーサーは、同じことを言葉で表現した。

われら主要参戦国の代表はここに集まり、平和回復のため、厳粛なる合意に至らんとしている。相異なる理念とイデオロギーをめぐる争いは、世界の戦場において解決され、もはや討議と論争の対象ではない。地球上の大多数の国民を代表するわれらは、不信と悪意と憎悪の精神をいだいてここに集まったのではない。むしろ戦勝国と敗戦国とが手をたずさえて、われらが寄与せんとする神聖な目的に副《そ》うい っそうの高き威厳にむかって立ち上がることこそ、われらの責務である。……
この厳粛なる式典を機会として、過去の流血と蛮行から抜け出し、信頼と理解のうえに築かれる世界、人間の尊厳ならびに人類の抱懐して止まぬ希望、すなわち自由・寛容および正義の実現のためにささげられる世界が打ち立てられることこそ、余の最大の望みであり、実にこれこそ人類の望みでもある。

(*Political Reorientation of Japan*, vol. II)

マッカーサーは、銃剣による支配ではなく、人類の大義にのっとった統治と改革を格調高く語った。それは、日本側全権団に少なからぬ安堵と感銘を与えた。重光葵《しげみつまもる》全権や加瀬俊一《かせとしかず》随員は、そのように天皇と日本政府に報告した（重光と加瀬の回想）。

マッカーサーの三つの顔

日本に君臨する連合国最高司令官マッカーサーには、いわば三つの顔があった。正面の顔は、占領地を統治する軍司令官である。反乱やサボタージュを抑制して、治安・秩序を確立し、コスト少なく効率よい統治を行うことが、歴史上のあらゆる軍政長官と同じく、彼の基本的任務であった。

この観点から、「日本国が再び米国の脅威となり、あるいは世界の平和と安全の脅威とならぬことを確実にする」という占領目的に沿って、日本軍の武装解除（一九四五年十月十六日完了）と非軍事化（刀狩り）を行いながら、他方で「二・一スト」の停止を命ずる（一九四七年一月三十一日）ことになる。社会経済活動が麻痺《まひ》するような事態を招くことは、行政長官としての大きな失点を意味することは言うまでもない。

マッカーサーの下では、情報・治安を担当する参謀第二部（General Staff-2＝略号G2）部長のウィロビー（Charles A. Willoughby）少将が、このような立場を代表していた。この立場から見れば、吉田ら保守政治家は概して使い勝手がよく、ウィロビーの反共主義からすれば、ひとたびは解体した旧日本軍の指導者すら利用価値があった。しかし彼からすれば、日本国内の社会主義路線の左派は、マークすべき危険な存在ということになる。

D. マッカーサー

マッカーサーの左半顔は、理想主義的にして進歩主義的な改革者である。アメリカ政治の文脈では共和党保守派に位置するこの軍人が、ほほえましいことに日本ではアメリカ民主主義の教師として君臨した。もとより、一九四五年九月六日にトルーマン大統領の承認を受けてマッカーサーに指令された「降伏後における米国の初期対日方針」(「初期対日方針」と略す)には、

他国家の権利を尊重し、国際連合憲章の理想と原則に示された米国の目的を支持する平和的で責任ある政府を最終的に樹立すること。米国はこのような政府ができる限り民主主義的自治の原則に合致することを希望する。

とあった。つまり親米の枠内での民主化が、母国から指示された基本占領目的の一つだった。ただ、業務を歴史ドラマ化する能力にたけたマッカーサーは、それをお義理で行う様子ではなく、民主主義の精神的指導者の役割を演ずることができたのであった。

連合国最高司令官総司令部(General Headquarters of the Supreme Commander for the Allied Powers＝略号GHQ／SCAP)内では、局長ホイットニー(Courtney Whitney)少将と次長ケーディス(Charles L. Kades)大佐に率いられた民政局(Government Section＝GS)がこの側面を代表し、初期改革を推進することにな

った。この立場から見れば、日本の伝統的国家主義者は断固壊滅すべき危険な勢力であり、吉田ら経済主義者も保守的すぎて信頼が置けなかった。むしろ社会党の穏健派あたりが、日本民主化の担い手として好ましいように見えた。

マッカーサーの右半顔には、日本国民の保護者としての表情まであった。それは、アメリカ国務省の知日派が用意した対日占領政策が処罰的なものでなかったことと無関係ではない。しかしそれは、彼自身の信念でもあった。前述の「ブラックリスト」作戦をつくる際に、天皇と日本政府を用いたいと求めたことにも、それは示されている。ミズーリ号艦上でのスピーチも、付け焼刃ではなかった。勇敢さと忍耐に富む戦士でありながら、戦いを交えた敵が膝を屈して和を乞うた後は、敗者に対して慈愛を持てるのがアメリカ軍の誇るべき伝統である、と彼は生涯最後の陸軍士官学校ウェストポイントでの演説でも後進に対して訴えている。

この伝統的美徳をもって対処することによって、彼が日本人の心をとらえた面も少なくなかった。食糧危機のさなかに、「自分が最高司令官であるあいだは、日本人は一人も餓死させない」と語って小麦粉を放出させた（一九四六年五月二十一日）のも、日本国民の慈父を演じようとした瞬間であった。吉田は、マッカーサーのこの側面を引き出し、利用することにしばしば成功した。

以上の三つの側面がからみあって、マッカーサーは占領下の日本において、外国からの支配者にあるまじき信望と権威を持つことができた。マッカーサーを進歩的改革の保護者もしくは慈父であると崇《あが》め、その期待が裏切られた時に、やはり彼は他国から派遣された支配者であるという冷厳な事実を知らされて幻滅感を味わう、といったのどかな情景は、日本以外の敗戦国では目撃しがたいところであろう。

二　占領される側の論理

原体験としての敗戦

さて、占領される側、日本のロジックをこんどは見ておかねばなるまい。人の考え方や生き方を左右するほどの決定的な経験は、原体験と呼ばれる。戦前期の日本にとっての原体験は、「黒船」や三国干渉の衝撃であったろう。それは、「帝国」としての生き方へと日本を導いた。

多くの日本人にとって「黒船」ほど直接的ではないが、たとえば岩倉使節団（一八七一―七三年）の大久保《おおくぼ》利通《としみち》らが西洋社会を見た時に受けた衝撃を、もう一つの近代日本の原体験と見ることができよう。それは、日本社会を近代化へと導いた。西洋的制度の導入と国民の政治参加の拡大は、近代史の政治面における主要な現象である。自由民権運動や憲政擁護運動に支えられながら、政党政治が発展し、大正デモクラシー状況が生み出された。

「黒船」体験と西洋社会体験のうち、いずれがより本源的で強いものであったか。言いかえれば、戦前日本にとって、「帝国」としての対外発展と、国内の近代化や民主化のうち、どちらが優先する目標だったのか。一元的な回答は容易でない。近代日本は双方を追い求めた。しかし、戦前日本の最終形態が「帝国」としての再発展の強引な追求であったことは、明瞭《めいりょう》な事実である。

では、戦後日本にとっての原体験は何か。言うまでもなく、敗戦体験である。戦前日本の最終段階における極端な軍事的発展主義が悲惨な終末を迎えたことこそ、決定的な国民体験であった。

軍国主義、国家主義には二度と陥りたくない。「聖戦」とか、「大東亜共栄圏」とか、「八紘一宇《はっこういちう》」とか、壮大な目的をりきみ返って口にしながら、三百五十万もの犠牲を出し、家族はちりぢりになり、家は焼かれ、都市は廃墟《はいきょ》となった。このような空しい戦争だけはくり返したくない。自身がそれぞれに被害者であったと感じる日本人が少なくなかったが、日本全体として、はかり知れない惨禍と犠牲を他国民に及ぼした。日本社会はハードの面で壊滅しただけでなく、ソフトの面で名誉と正統性をも失った。こんどは、貧しくても人様に迷惑をかけない生き方をしたい。信を失うようなことはくり返したくない。非軍事的・平和的な生き方を選ぶことが、激烈な国民的体験から得た戦後日本人の強い希望となった。戦後日本の政治外交は、この歴史の教訓の枠内で展開されることになる。

こうして日本国民自体のうちに、たとえ占領政策がなかったとしても、非軍事化と民主化を求める機運が高まっていた。

主人と奴隷の弁証法

「ポツダム宣言」の柱は、日本を非軍事化する、すなわち無力化し民主化することであった。宣言からは、軍事国家としての日本帝国を終焉《しゅうえん》させ、経済国家としての再生を許容する、という筋道が読み取れる。非軍事化と民主化の強制こそが、「ポツダム宣言」および占領政策の本質であった。


この強制に対して、日本側はどう対応したか。序章でも触れた、ヘーゲルの大著『精神現象学』に論じられた主人と奴隷の弁証法を敷衍《ふえん》すれば、次のようになろう。

主人が奴隷に、壺《つぼ》を作れと命じる。壺作りに興味をもたない奴隷は不満であるが、主人の命令である。しようがないと、奴隷は強制されて壺作りを始める。主人は奴隷に、連日連夜くり返し厳しく壺作りを強制する。そのくり返しのなかで、主人と奴隷の間に逆転が起こる。主人は自分自身の強制と命令の奴隷となり、人間性を喪失する。管理するということの奴隷になる。

他方、奴隷は、当初はなぜ壺作りなどせねばならないのかと不満であったが、次第に興味を持ち始める。壺作りそのものが自らの喜びとなり、自己実現になってくる。こうして、主体性を奪われていた奴隷の方が主体性を回復する、という逆転が起こる。

占領下の日本側の対応は、それに似ている。勝者が非軍事化と民主化を強制したところ、それを屈辱と感じる日本人も少なくなかった。しかし敗れたのだから仕方がない、とその仕事にとりかかる。やがて日本人はその仕事に没頭し、熱心に学習し、それをテコにめざましい自己革新を遂げて成長するのである。非軍事的な経済中心の生き方は強制によって始まったが、やがてそれは日本自身の望みとなり、武器をとるように「主人」に求められても「壺作り」から離れなくなる。

これも序章で触れたが、トインビーは大著『歴史の研究』において、強大な外部文明の挑戦を受けた文明の対応として、二つの典型を示した。「ゼロット」と「ヘロデ」である。「ゼロット」とは、民族的誇りに燃えて、英雄的にして悲壮な徹底抗戦を追求する熱狂派であり、日本の幕末で言えば攘夷《じょうい》派がこれにあたる。他方「ヘロデ」とは、その愚を悟って強大な文明を受容し、その力の秘密を学びとりつつ、それによって長期的に外部文明を克服し対抗しようとする立場である。

トインビー自身は近代日本を「ヘロデ主義」の好例としているが、それはまた戦後日本のアメリカ文明の受容にも該当する。明治期の近代社会と帝国主義の学習、戦後の民主主義社会と経済・技術の学習の差はあるにしても、日本が外部文明の力の秘密を学びとって成長する速度は例外的な高さである。狭い島国の温帯農耕社会において一致協力して勤勉に働く気風を培った日本人は、明白な国民的課題を与えられた時、だれも想像できないほどの能力を示すことができるのである。

しかし日本には、英霊《えいれい》に相済《あいす》まぬ、一億枕を並べての本土決戦を唱えて外部文明を打ち払おうとした、「ゼロット」の魂も残っている。「ゼロット」の日本人にとって非軍事化などという屈辱は、気持ちのうえで絶対に受け入れられないものであった。

吉田　茂

民主化も、グルーやスティムソンからすれば、日本自身が戦前期に築いた実績に立ち帰るというものであった。しかし幣原喜重郎首相や吉田茂外相にしても、あれほど徹底した民主化に対しては、自分たちの望みではなく強制だという気持ちがあった。戦後の非軍事化、民主化に対して、当時の日本の保守指導層は、喜んで大変結構だと思ったのではなく、できたら避けたいが、やむを得ない敗者の宿命と考えていた。

当時、日本側の中心的指導者として頭角を現していた吉田茂は、「よき敗者」(good loser) という言葉を、九月十七日、外務大臣就任後の外務省幹部への最初の訓示で語っている。彼には、強制されることの内容の良し悪しは別にして、負けた時には「負けっぷりをよくする」必要があると、達観したところがあった。大局から言って、勝者に協力した方が、日本の再生の早道であると考えた。

'surrender'(降伏する) とは元来、武器を差し出して生殺与奪《せいさつよだつ》の権を与えるという意味である。吉田にすれば、あまり隠微《いんび》にしつこく抵抗するのは逆効果だという計算もあったろう。それゆえ、反対したい事柄には一応反対してみる。しかし占領軍が断固としてやれと言うなら、われわれは敗者なのだからやるほかはない、と受け入れる腹であった(吉田茂『回想十年』)。

真珠湾攻撃前に、日米破局を回避するため、グルー大使と戦線を組んだ経験を持つ吉田は、アメリカ人の善意と誠実さに、どこか信頼を置くようになったのかもしれない。懐に飛び込めば、アメリカさんはそうひどいこともすまいよ、と割り切っていたのであろうか。

同時に彼は、「戦争で負けて外交で勝った歴史はある」と構想めいた言葉を口にしている（高坂正堯『宰相　吉田茂』）。今は潔く占領軍に協力しつつ、日本の再建を計っていれば、長期的には自己実現に結びつくかもしれない。

協力を通しての浮上

外務省の第七次文書公開分に、講和の準備のための諸文書が含まれている。占領開始後二年近くになる一九四七年六月の政務局メモに、「非軍事化こそが日本再建の主要基盤」であるという文言がある。これが枕を並べて討ち死にしてでも神州《しんしゅう》を侵させてはならぬと言っていた国民の言葉か、と驚かされる。奴隷は早くも、壺作りこそ私の幸せ、と言い始めたのである。

さらに驚くのは、占領はなるべく長く続けた方がいい、という意見書が、終戦の翌年には外務省内で書かれていることである。「ゼロット」のプライドは、いったいどこへ消えたのであろうか。

外務省とすれば、理由は簡単であった。戦争直後にはまだ旧敵国に対する敵愾心《てきがいしん》がみなぎっており、あわてて講和条約を結べば懲罰的な不平等条約にならざるを得ない。第一次大戦後のドイツに対するヴェルサイユ条約（一九一九年六月）に見られるように、厳しい「命令された平和」になるだろう。外務省としては忘れられない組織メモリーがあった。不平等条約である。

幕末に結ばれた不平等条約を改正するまでに、日本外交はどれほど苦労したことか。一度不平等な条約を結んでしまうと、それを改正するのはどれほど大変だったことか。明治の日本国民には「ゼロット」の魂が横溢《おういつ》しており、不平等条約に猛《たけ》り狂った。条約改正を手がけた外務大臣が何人殺されかけたことであろうか。

不平等条約は、日本側からすれば理不尽なものだが、相手国からすれば有利な条件であり、その改正を、即時・全面・無条件で認めることなどあり得ない。そこで、日本外交はいかに努力しても一歩ずつの改善しか得られない。その条約改正内容が国内に知れると、「ゼロット」が狂う。「一歩前進」とは評価せず、まだ不平等が残っている、政府は不平等を再確認した、と殺気立つのである。

日本が治外法権を解消できたのは、日清・日露戦争の間の一八九九年（明治三十二）であり、関税自主権を回復できたのは一九一一年であった。近代日本は条約改正に、実に半世紀を要したのである。

そういう組織メモリーを持つ外務省は、あわてて不平等な講和条約を旧敵国と結ぶことを警戒する。むしろ外務省は、なるべく長く占領してもらう、そのうち風向きも変わってくるだろう、と考えた。

日本は、占領下でマッカーサーの占領軍に対して積極的に協力する。喜んで壺作りに励む。そうすれば日本に対する旧敵国の警戒心や敵愾心も、次第に薄まっていくだろう。さらに国際情勢をみれば、勝者の間に軋《きし》み、米ソ「冷戦」への動きもある。新たな敵が出てくれば、古い敵については恨みが薄れていくものだ。日本を旧敵国ではなく味方であるとアメリカ側も認識を改め、寛大な条件を出してもくれるだろう。それが外務省のおおよその展望であったと言えよう。

もう一つ大事な認識は、講和条約の締結のみで戦後の日本は決まらないということであった。占領下における日々の施策や占領軍との折衝が既成事実を積み上げ、いわば予備講和的意味を持つ。日々の改革や施策の集大成として講和条約が結ばれるのであり、日々の占領軍への対応を講和条約締結交渉と思ってしっかりやらなければならない（渡辺昭夫・宮里政玄編『サンフランシスコ講和』）。

つまり、非軍事化と民主化という強制を積極的に受容し協力することによって浮かび上がっていく、というのが吉田外相をはじめとする外務省の対応策であった。このような生き方に日本文化の一つのあり方、たとえば柔道の受け身を思う人もあろう。相手の力を利用して相手を投げとばす技が、柔道にはある。またある意味で、それは官僚的対応と言っていい。官僚は時代の覇者に仕えつつ、覇者よりも長く生きる。

同じ敗戦国でも、ドイツはおそらくこうした対応はとらないであろう。誇り高く、われわれの文化や教育に関しては、勝者といえども容喙《ようかい》を許さないと語り、支配者、勝者に対して自立性を保ち、偉大であろう、というスタイルを追求するであろう。日本では石橋湛山《いしばしたんざん》などが、そのような気骨《きこつ》ある対応を試みた。

しかし日本の場合、軍部の時代に、我は我なり、という自主外交の方向へ極端に振れ過ぎていた。それが壊滅したことの反動もあってか、日本人はもはや「ゼロット」を求めなかった。対応のもうひとつの典型である、対峙《たいじ》することによってではなく、寄り添うことによって実を得ていくという対応をとったと考えられる。

吉田の「戦争で負けて外交で勝った歴史はある」という言葉は、打ちひしがれた廃墟の中では強がりにすぎないとも感じられる。当時、日本がアメリカに寄り添いながらいつしか体《たい》を入れ替えて上に行くなどというのは、自らへの励ましでなければ、白《はく》昼夢《ちゆうむ》でしかないように見えた。

戦後の日本が強くなるということは、日本人、アメリカ人を問わず、だれ一人考えていなかった。占領者が思ったのは、日本は強くならなくていい。弱くても民主的で公正な社会になれば、それで立派なことだ。それ以上、何も望むべくもない、ということであった。効率が悪かろうと分権化はなすべきであると、過度に集中された権力は壊された。民主化改革も、それが日本の力になるというよりは、むしろ力を抑制して国内平和的な社会になればいいと、対外的なパワーを困難にするものとして意識されていた。

ところが、こうしたさまざまな改革が、皮肉にも結局のところ戦後日本の経済発展や社会的効率を高めるうえで大変重要な基礎となったのである。敗戦も非軍事化の強制も、多くの日本人にとってまことにつらいことであった。しかし、もはや避けようもないと腹をくくった日本人は、強制されたことを熱心にやり始めた。「一致協力・勤勉に」は日本人の得意芸である。その瞬間から、どうも運命の女神が日本史にもう一度微笑みをおくり始めた感がある。

日露戦争は「僥倖《ぎょうこう》による勝利」であると言われた。太平洋戦争では、期待された「神風《かみかぜ》」は吹かなかった。否、吹いてもアメリカ軍には通じなかったというべきか。しかし「敗戦のなかの僥倖」は存在した。大戦末期に太平洋の対岸で枢要の地位にあったグルーやスティムソンの奮闘は、日本にとって期待し得なかったはずの幸運であった。また、占領軍によって厳しく「強制」されたことは、戦後の日本人を不幸にする内容とは言えなかったのである。

三　旧社会の破壊――非軍事化

日本占領の四段階――必然と偶然の所産

一九四四年（昭和十九）春、知日派グループが国務省幹部会（ＰＷＣ）に提出した文書に、「日本占領期間はおよそ六ケ月」という牧歌的な展望を示したものがある。歴史的常識からいえば、これは異とするに当たらない。むしろ、日米戦争のように敗者が本土侵攻の前に武器を置いた場合には、全土進駐など行わないのが通例のエチケットである。領土の一部を「保障占領」する例はあるが、それも速やかに講和条約を結び、その実施を確保するまでの担保にすぎない。戦争中に本土に攻め込んだわけでもないのに、後から全土に進駐し、最高権力を長年にわたって奪い、管理下で法律・制度をすべて変えてしまうなど、空前の乱暴な〈介入変革〉だといえる。

二十世紀に再度の総力戦を経験して、アメリカ政府のプランナーは侵略戦争を開始したドイツや日本の国内構造を平和化＝非軍事化しないと、勝者の責任を果たしたことにならないと考えた。三度目の世界大戦が起これば、アメリカと世界の文明はつぶれてしまう。世界平和の名において、敗戦国を作り変えようとしたわけである。「無条件降伏」の方針には、そのような意図がこめられていた。

では、敗戦国を長期にわたって占領し、何をするのか。そのイメージを最初に描き出したのは、第二次諮問委員会の実質的中心となった政治小委員会（Subcommittee on Political Problems＝略号ＰＳ）だった。ウェルズ（Samner Welles）国務次官を長とするこの委員会は、一九四二年三月に、敵国の占領を三つの時期に区分した。

先に、ブレイクスリーの起草した格調の高い「米国の対日戦後目的」（ＰＷＣ一〇八）文書が、敵国日本に甘すぎるという批判をＰＷＣで受け、三期に区分した修正案（ＰＷＣ一〇八ａ）を提出した事情を述べた（六九―七〇頁）。幹部が要求する厳しい平和と、自身が信ずる穏健な平和の双方に場を与える妥協案であったが、それは二年前の政治小委員会の指針を踏襲・活用したものでもあった。

日本占領の第一期には、帝国の解体や非軍事化など破壊的・禁制的装置を、厳しい支配下で断行する。第二期は、内政変革を遂行しつつも、徐々に占領を緩和し、経済の再生をも許す。第三期には、占領終結と国際復帰をめざす。そういった展望を同文書は語っていた。

くり返すまでもなく、会議室で作られた計画書が、そのまま実施される保証はない。実際の政治は、計画書への忠実よりも、現状への対応を重視する。にもかかわらず、ほぼこの文書が示した筋道どおりに、実際の日本占領は行われる。

占領開始後まだ一年七ヵ月しか経ていない一九四七年三月十七日、マッカーサー司令官は記者会見において、「一年以内に」講和交渉を開始すべきであると、早期講和を提唱した。この会見は、マッカーサーが段階論者であることをも示した。彼は占領を「軍事」「政治」「経済」の三局面に区分し、第一段階である非軍事化はすでに達成され、第二段階である政治面では占領軍当局のなしうる指導はほぼ終わろうとしている、と述べた。

軍政官マッカーサーは、「疾病や騒乱」を起こさないことを統治者の任務と心得ていたが、経済再建の仕事を必ずしも自分の責任とは考えていなかった。彼の一九四八年大統領選挙への関心がこの発言の動機ではあったが、第一段階の非軍事化と第二段階の民主化改革をやり遂げれば基本的任務は終わると、彼が感じていたとしても不思議でない。第二段階が、ほぼ一年以内に、一九四七年中に山を越すという見通しも誤りではなかった。

ワシントンの会議室で承認されたブレイクスリー草案のとおり、日本占領は第一段階から第二段階へと進んだ。それは、会議室での決定が規範力を持っていたからという以上に、このあらかじめの決定が占領というものに内在するロジックを読み込んでいたからと言うべきだろう。「最良の占領ですら、長期化すれば被占領国民のうちに反感をかきたてる。米国民もまた、タックス・ペイヤー（納税者）として長期の占領統治をうとましく感じるようになる。したがって、米国政府は直接軍政を避け、日本政府を使ってそれを背後から誘導するように留めるべきである」（バンスリック・メモ、一九四五年七月）といった歴史と人間性への洞察が、ブレイクスリーにもマッカーサーにも共有されていたように思われる。そうした占領支配の難しさを認識する者は、一方で破壊的措置を敗戦のショックが醒《さ》めやらぬ早い時期に短期間で済ませようと努める。他方で理想主義的・建設的理念を強調し、統治の正統性を失わないよう留意する。

一九四八年は、日本占領があらかじめのシナリオになかった展開を見せた年であった。この年は民主化改革の終わりと経済復興政策の開始を画するギアーチェンジの年となった。つまり、実際の占領は、〔第一期〕非軍事化、一九四五―四六年、〔第二期〕民主化改革、一九四六―四七年、〔第三期〕経済自立化、一九四九年以降、という順序で進んだ。

日本経済の国際復帰を徐々に認め、「初期対日方針」にも示されたように、日本の自力更生の努力を許すという考えがアメリカ政府にあった。言いかえれば、日本経済を再建する労を占領軍政府がとるという考えは、確固としたものではなかった。マッカーサーにはとりわけ不得意な分野の仕事であった。

　にもかかわらず、経済自立化を追求する第三期が登場したのは、国際的な冷戦が日本占領に影を落とした結果である。グローバルな冷戦状況への対処を重視する国務省政策企画室（Policy Planning Staff＝略号ＰＰＳ）のケナン（George F. Kennan）所長は、極東局が用意した一九四七年の処罰的講和案を実施してはならないと説いた。日本を旧敵国として処断する観点よりも、新たな友好国として再建する考慮を重視したからである。ケナンの意見が容《い》れられて、講和は先送りされ、占領は継続されることになった。

　友好国として日本を安定させ強化するには、経済復興と再軍備が必要であると、ケナンらは考えた。しかし再軍備にマッカーサーが反対した結果、経済復興が第三期の中心事業となった。こうして、独立後に日本政府が勝手にやるべき仕事であるとマッカーサーが見なしていた経済復興の事業が、占領下で行われることになった。第二段階を終えた時点での占領終結ではなく、占領の長期化と占領政策の転換が歴史の事実となった。

一九五〇年に日本占領は、もう一度予期せぬ激烈な変化をこうむることになる。六月の朝鮮戦争勃発《ぼっぱつ》の結果である。グローバルな冷戦は、日本の隣国で熱戦化した。この衝撃の下で警察予備隊が創設され（一九五〇年八月）、それは再軍備の出発点となる。公職追放（パージ）は軍国主義者を排除するためではなく、共産主義を抹殺する装置となった。日本占領には、反共・西側の一員としての講和をテーマとする〔第四期〕が付け加えられたのである。

以上のように、四期にわたって展開された七年に及ぶ日本占領を、大きくまとめるなら、非軍事化と民主化をテーマとする前半期と、経済復興と自立をテーマとする後半期に区分される。「日本が二度と脅威にならない」ための直接的措置が、(1)非軍事化であり、(2)民主化は、それ自体独立した価値を持つ目標でありながら、一面において日本の非軍事化を国内社会的に構造化するための措置でもあった。両者を合して、戦後日本を平和で民主的な国内志向的社会に改めようとしたのである。

後半期の、(3)経済再建と(4)西側陣営の一員としての自立は、歴史的に異なる局面であるが、原理的に

G.F. ケナン

冷戦状況下の友邦と日本を位置づけたうえでの、二つの段階であったといえる。

PWCの「米国の対日戦後目的」が、日本経済再建の許容と友好国としての自立をあらかじめ明記していたことに示されるように、冷戦があろうとなかろうと、大枠においては(3)(4)とも自然なコースであった。しかし、冷戦は占領政策の転換に拍車をかけ、鮮明にした。のみならず、冷戦は対日講和の内容を非処罰的に動かす一方、中国問題に示されるように反共的文脈のなかで決着されることになる。

非軍事化——迅速な処断

日本占領の第一段階の中心目的である「非軍事化」は、さまざまな破壊的・処罰的な措置によって遂行された。内外にある日本軍の武装解除と復員、軍事関係施設や軍需工場の破壊または接収、軍事機構と秘密警察の廃止、戦犯容疑者の逮捕、軍国主義者・超国家主義者らの公職追放などである。

これらはきわめて迅速に行われた。手間のかかる公職追放以外は、ほとんど終戦の年のうちに実施された。

ポツダム宣言に明記されていたとはいえ衝撃的であったのは、降伏文書調印式から九日後の九月十一日に、東条元首相が逮捕しようと自宅にやってきたアメリカ兵を前に、ピストル自殺を図って失敗し、重体のまま収容された事件であった。同時に三十八名に逮捕令が出された。その後もＧＨＱは、さみだれ的に厳しい指令や声明を発して、日本側の安易な期待を打ち砕き続けた。十月四日には自由の指令を発し、政治犯の釈放、思想警察の廃止、内務大臣・警視総監・特高関係者の罷免《ひめん》などを命じた。十月十一日には、マッカーサーが新首相幣原喜重郎に対し、いわゆる五大改革を指示した。

①選挙権附与による婦人の解放
②労働組合の奨励
③より自由な学校教育
④秘密警察の廃止
⑤経済機構の民主化

である。まだ非軍事化の手荒い仕事の最中にあったが、マッカーサーは折にふれ民主化改革の大筋について意向を表明し、流れを示していたのである。

十一月一日にＧＨＱは、憲法改正に関してイニシアティブをとるよう勧めたことのあった近衛文麿との協力関係を否定した。翌月、戦犯に指定された近衛は、逮捕の前夜、毒を仰いで自殺した。また、天皇のもっとも緊密な助言者であった木戸幸一の戦犯指定と逮捕は、日本側に大きな衝撃を与えた。しかし天皇自身は、マッカーサーの強い意向で除外された。マッカーサーは、天皇が占領統治と民主化改革にとっての最大の協力者にして助け手であると、高く評価していた。

公職追放——両刃の剣

非軍事化の諸措置のうち、日本の政治と社会に大きなインパクトを与え、かつ大きな問題を残したのが、公職追放（パージ）であった。一九四六年一月四日の指令に始まり、二十一万人もの戦時指導者が追放されることになる。同指令は次の七項目の追放該当者を示した。

(a)戦争犯罪人
(b)職業陸海軍職員、陸海軍省の特別警察職員および官吏
(c)極端なる国家主義的団体・暴力主義的団体または秘密愛国団体の有力分子
(d)大政翼賛会・翼賛政治会および大日本政治会の活動における有力分子
(e)日本の膨張に関係せる金融機関ならびに開発機関の職員
(f)占領地の行政長官
(g)その他の軍国主義者および極端なる国家主義者

(a)から(f)までは役職や資格の指定であり、個々人の実質的責任を区別することなく、ほぼ自動的に適用された。「インディビジュアル・ギルティ」（個人の罪責）という原理から言えば、このような画一的処理は荒っぽすぎるやり方であった。積極的に動いた者と、お飾りとしてあるポストに座らされた者とを、同様に処罰することになるからである。

別の意味で大きな問題を生じたのは(g)項であり、主義思想の基準であるため、いかようにも適用できた。軍国主義時代をくぐり抜けてきた日本人のだれでも、その気になれば追放できなくはなかった。個々人の審査は日本政府の下に作られた公職審査委員会において行われたが、GHQが最終決定権を持っていた。

委員会がシロ判定を下した九十名について、GHQが指令を発して追放した。そのうちには、戦後第一回の総選挙で第一党になった日本自由党の党首鳩山一郎《はとやまいちろう》が含まれている。鳩山の場合はとがめられても仕方がない過去もあったが、もっとも純度の高い自由主義的言論人であった石橋湛山の追放は、パージ政策の正統性を著しく傷つけることになった。石橋蔵相が自律心強くGHQに協力的でないことに怒って、「軍国主義者および極端なる国家主義者」として葬ったのである。米誌『ニューズウィーク』がこれを批判する記事を書き、内外に大きな波紋を残した。

片山哲《かたやまてつ》内閣の平野力三《ひらのりきぞう》農相の場合には、石橋の前例にこりたのか、ＧＨＱは違った手法をとった。一度シロ判定を下した委員会に対して、民政局は内々に圧力をかけ、再審査させて逆転クロ判決を出させたのである。

こうしたいかがわしい例は、数量的に見れば全体のごく一部にすぎなかった。しかし個人を政治的・社会的に葬る激烈な不利益処分を、民政局が政治的にもてあそんだことによって、パージ政策全体のイメージをうすら暗いものとした。

民政局にとって、石橋や平野が好ましからざる指導者に見えたとしても、閣僚としてのポストを奪うに留《とど》めるべきであり、白を黒と言いくるめて半永久的な追放に処すべきではなかった。敗戦国日本に来て、かつて持ったことのない絶対権力を与えられた民政局の人のうちに、道理と自制の徳を見失う者がいたとしても不思議ではない。

このように問題をはらみながら、パージはその後も経済界、地方、言論界へと拡げられた。

さらに、朝鮮戦争直前から、共産主義者がパージの対象とされ、追放はそのつどの政敵を葬るための政治的武器の座を確立した感があった。こうしてパージ政策が客観的正統性を失った以上、占領末期から独立後にかけてすべての追放者が解除されることを押し留めようもなかった。悪くなかった人までが理不尽に追放されたため、追放された人は「悪い人」ではなく、「お気の毒な人」と受けとめられるようになっていた。その結果、本当に悪かった人まで赦《ゆる》されることになった（増田弘『公職追放』）。

四　占領改革――民主化

占領改革のイニシアティブ

戦犯裁判やパージなどの強権措置が占領政策の破壊的・処罰的側面を代表し、しばしば暗いイメージを帯びたのに対し、占領改革は明るい建設的性格を有していた。

マッカーサーが一九四五年（昭和二十）中にすでに改革の指令を折にふれて発したことは、先に述べたとおりである。しかしそれは一般論にとどまり、ＧＨＱが具体的な改革に着手するのは、一九四六年になってからのことである。非軍事化の破壊的措置は簡単に命令できるが、具体的な改革を指示するには、それなりの知識と組織的準備が必要である。ＧＨＱの組織は、四五年から四六年にかけてようやく整った。四六年初めごろから、民政局（ＧＳ）が中心となって日本の民主化改革に乗り出してくる。

実は、それを待たずに日本政府側が準備し、実施しようとした改革がいくつかあった。憲法は別として、農地改革、労働組合法、選挙法などである。戦前の経験に基づいて、日本政府・官庁内に改革の準備があった分野である。一部の心ある官僚・政治家のうちに改革の必要性がかねがね痛感されていたところへ、敗戦と「ポツダム宣言」の受諾があり、広汎な民主化改革が不可避であることがわかる。さらに占領開始後のマッカーサーの発言や指示によって、改革の意思が強固であることが明らかとなる。この事態を見ながら、GHQによって改革案を押しつけられる前に、先手を打って日本政府が自発的に改革案を作成したケースである。

このような日本政府の先取り改革案は、GHQによって審査され、しばしば不充分と断じられた。そしてより徹底した改革案の作成を日本政府は命ぜられる。極端な場合には、憲法改正のようにGHQ側が原案を作成して日本側に示すこともある。

しかし、しばしば見落とされるが、日本側の先取り改革案がGHQの承認を受け、そのまま実施され、定着する場合もある。つまり日本政府の先取り改革案は、GHQを満足させるに足るかどうかによって、そのまま実施される場合と、より徹底した第二次改革を命ぜられる場合とに分かれる。

他方、日本政府内に戦前の経験に基づく準備が存在しない場合には、GHQの指令によってやむなく改革に着手することになる。

以上のように、一言で占領改革といっても、さまざまなタイプがある。こうしたタイプの違いは、日本側とアメリカ側のいずれに、どの程度のイニシアティブがあったかを見るうえで興味深い。また、日本史の戦前と戦後の連続性と非連続性を論ずるうえでも手掛かりを与えるといえる。

農地改革――占領下の革命

占領改革の典型的なものとして、農地改革がある。この農地改革の場合には、まず日本側による先取り改革があった。一九四五年十二月二十九日に農地調整法改正が公布されたが(第一次農地改革)、この改正案が議会を通過したのは、言うまでもなくまだ新憲法の施行前の、帝国議会においてであった。そして実施案もできた。つまり、占領軍が手を下す前に、日本側は自発的に農地改革案を作ったのである。

なぜそれができたかと言えば、実は農地改革が明治以来の積年の課題であったからである。作柄や経済情勢の波のなかで、地租の負担に耐え得ずに農地を失って小作農・小自作農に転落する農民は多く、一九四一年には、自作農は三一パーセントにすぎなかった。開明的な農林官僚は、何とかしなければならないと、戦前から小作料金納化と自作農創設を中心とする方策を考えていた。

しかしながら、平時に農地改革を断行することは、いかなる政府にとっても不可能に近い。なぜなら、地主としては何としても土地を手放したくない。そして、土地を持つ地主階級が権力を支える、あるいは、いずこにあってもそれに近い特権層である。たとえ開明的な大地主がいたとしても、貧しい農民のためにわれわれの土地を投げ出そう、と仲間を説得することはできない。これは、敗戦と占領という例外的事態においてはじめて成しうる変革であった。

地主制度を改めなければならないということは、ものごとを合理的に考えることのできる人にはわかっていた。国家総動員体制の下で、生産力増強の必要という違った文脈で多少の改良はなされたが、もとより不徹底なものであった。敗戦という状況を迎えて、民主化が断行されるなかで、待ってましたという人たちがいた。

たとえば、和田博雄《わだひろお》がそうであった。彼はラディカルな革新官僚であり、企画院事件（一九四一年）において治安維持法違反で検挙されていた。終戦後、四五年秋に出獄してすぐに幣原内閣の松村謙三《まつむらけんぞう》農林大臣によって農政局長に起用され、日本自前の〔第一次〕農地改革案を作成した。

農地改革の最大の問題点は、地主の小作地保有限度であった。不在地主の小作地はすべて譲渡の対象とする、という点に関しては異論は出なかったが、在村地主の小作地保有限度が問題となった。松村の原案では、一町五反歩《ちょうたんぶ》（約一万四九〇〇平方メートル）以上の小作地が小作人に解放されることになっていた。しかし、急進的すぎる案ではかえってつぶれるのではないかと恐れた農林事務当局は、三町歩を主張し、結局農林省案は「地主の小作地保有限度三町歩、小作料金納化」となった。

十一月十六日、農林省は「農地制度改革に関する件」を閣議に提出したが、憲法改正に際して保守派を代表することになる松本烝治《まつもとじょうじ》国務相らから激しい反対が出て、「五町歩」まで譲歩せざるを得なかった。こうして作成された農地調整法改正案は、十二月十五日に衆議院を、十八日には貴族院を通過し、十二月二十九日に公布された。

ところが、この法案が議会で審議されていたさなかの十二月九日、GHQ天然資源局（Natural Resources Section＝略号NRS）は「農地改革に関する覚書」を発表し、日本政府に対して四六年三月十五日までに農地改革案を提出することを命じた。日本側はこの「覚書」を、農地調整法改正案を是認するものと受け取ったが、実は必ずしも日本側の案を是認するものではなかった。GHQ側にはまだ具体案がなかった。そのためマッカーサーは十二月末、本国から「農地改革の神様」と言われるウォルフ・ラデジンスキー（Wolf I. Ladejinsky）少佐を呼びよせてGHQ顧問とし、彼に徹底的に調査させたのである。

一九四六年三月十一日、ラデジンスキーは記者会見で、農地調整法改正による土地改革は不完全なものにすぎずと言明し、三月十五日、ＧＨＱは日本側案を拒否した。六月末に日本側に示されたＧＨＱ最終案は、

①不在地主の全所有地と在村地主の一町歩（北海道は四町歩）をこえる小作地を収用する

②土地所有の限度を三町歩（北海道は十二町歩）とする

③売渡しは、地主三、自作二、小作五の割合で選ばれた市町村農地委員会によって行う

④実施期限は二年間

というものであった。日本側が実行困難を訴えたものの、ＧＨＱは強硬であった。この第二次農地改革案は、四六年十月十一日に議会を通過し、同月二十一日に関係諸法令が公布された。そして翌四七年三月から実施に移され、五〇年七月に完了した。

農地改革は戦後日本にとって決定的に重要な改革である。不在地主は一掃され、自作農が圧倒的多数を占めることになった。それは農家の生活を安定させ、経済成長とともに都市化が進み、農業人口が激減するという変動に耐える基盤を提供した。今日、日本の農業は深刻な事態に陥っており、国際化の津波のなかで日本社会のもっと

も脆弱《ぜいじゃく》な部分と意識されている。そのことは、いま日本はついに農地改革の遺産を食いつぶし、限界にきたことを意味している。農地改革が不成功であったから現在の問題が生じたのではなく、大成功であったためにそれ以後の改革が行われなくなり、事態が致命的になるまで放置される。それは人の世に時々起こる現象である。

終戦の時点で、農業人口は就業人口の約五〇パーセントであった。現在は約四パーセント（二〇〇一年）である。大雑把に言えば、終戦時の十分の一以下の農業人口で、同じ生産量を維持できるようになった。もちろん技術革新や肥料の問題はあるにしても、農地改革によって小作農が自分の田畑を持って自作農になったことが決定的であった。農業協同組合（農協）などを通じて、政府が彼らをバックアップする。食糧管理制度もあるし、肥料の提供もすれば技術革新の浸透も計る。そうしたことで、十分の一以下の農業人口で同じ生産量を維持できるようにした。これは農地改革の大きな成果である。

つまり、農業人口の残りの十分の九以上を、高度成長の下で工業部門への労働者、あるいは第三次産業の従業員として提供できた。生産量を維持しながら、余剰人口をどんどん他の分野に提供できた。

また、農地改革なしに戦後の国民所得の平準化と民主化は考えられない。現在のように、農村の方が恵まれていて羨《うらや》ましい、クロヨン税制は不平等だから改めてもらいたいとサラリーマンが嘆くという状態は、日本史上初めてである。農民にとって年貢は、かつて本当にきついものであり、昭和初期でも農村恐慌といえば「娘売ります」であった。その変わることはないと思われた歴史的な農村の悲惨さが、高度成長の下でたかだか二十余年のうちに過去のものとなり、むしろ農村は恵まれすぎているから改めなければいけない、という声が聞かれるところまできた。これは、農地改革がとりあえず成功したことの証左であろう。

ともあれ農地改革は、このようにまず日本側による自前の先取り改革が行われ、それでは不徹底であるとGHQが介入し、さらに徹底した民主化が行われたものであった。このような二段階改革を、占領改革の典型と見ていいであろう。

先取り改革定着型

農地改革に関しては、明治以来の積年の弊《へい》が意識されており、少なくとも理論的には日本側に対応の準備があった。ただ政治的に実行が困難な状況にあり、GHQという絶対権力の後《うし》ろ盾《だて》を得てようやくできた、というのが大筋である。

先取り改革型の中には、日本政府が先取り改革をしたところ、GHQが介入せずに追認し、それがそのまま日本の新たな制度として定着したものもある。たとえば労働組合法や戦後の中選挙区制を中心にする衆議院選挙法は、意外にも先取り改革によるものである。

農地改革と同様、戦前期に普通選挙法の実施に尽力した内務省の啓蒙的官僚がいた。堀切善次郎《ほりきりぜんじろう》内務大臣、坂千秋《さかちあき》内務次官らは、今度は議会中心の政治になるのだから衆議院議員選挙法を斬新《ざんしん》なものにしなければならないと、終戦後さっそく改正案を作り、一九四五年十月十一日には閣議に提出した。十一月二十七日、政府はこの改正案を衆議院に提出し、十二月十五日に成立、十二月十七日にはもう新選挙法が公布されている。

そしてそれは、大選挙区〔制限連記〕制であった。小選挙区制は、狭い地盤の中でどうしても古くからの地域ボスの支配になってしまう。戦争による人口移動も激しいので、府県単位を原則に、四人区から十四人区までの大選挙区制にした。また、婦人に参政権を認めて男女を完全に平等にし、二十五歳以上であった選挙権を二十歳まで引き下げた。

ＧＨＱでは民政局が中心になってこの日本側案を検討し、内部の会議で一度は十四対七で否決している。少数派であった選挙担当のロースト（Pieter K. Roest）少佐が、これはそう悪いものではない。一国の選挙法は、その国の身の丈に合ったものを基本とする方がいい、よほど不都合があるならともかく、大概のことならば自発的な改革案を認めた方がよい。との意見を表明し、結局マッカーサー裁断に持ち込まれた。そしてマッカーサーは、これでいい。選挙法ぐらいは日本が望むものにさせてやれ、と裁断した。

ただその際、大きな補完措置があった。一九四六年一月四日の公職追放に関する覚書によって、GHQは不適格な候補者を排除したのである。つまり、選挙法は日本側案をそのまま認めるが、候補者については戦時協力した人物はすべて排除したのである。前述のように、大政翼賛会の推薦候補は(d)項によって排除されることになった。

戦後、日本自由党や日本進歩党、日本社会党、日本協同党などの新しい政党ができていた。しかし、大政翼賛会で推薦されていた者はすべて追放に該当するという(d)項によって、与党・日本進歩党は二百七十四人の立候補者のうち二百六十人が、また日本自由党は四十三人のうち三十人が、日本社会党は十七人のうち十一人が資格を失った。

このように候補者について厳しく審査する公職追放との抱き合わせではあったものの、新選挙法は制度としては日本側の先取り改革によるものがそのまま認められた

（福永文男『占領下中道政権の形成と崩壊』）。

衆議院議員選挙法はその後、四七年三月三十一日に再び改正されて中選挙区制になった。この時もGHQは日本側の案を追認したが、日本側の主導権はもはや啓蒙官僚ではなく政党勢力が握っていた。日本自由党と日本民主党の保守二党が推進して、日本社会党が本気で反対しないかたちで、三人区から五人区の中選挙区制が復活したのである。主要三党は、どの選挙区においても当選の機会がある中選挙区制を好む。その事情は、一九二五年（大正十四）に護憲三派内閣が初めて中選挙区制を定めた時と同じである。

制度としては、大選挙区制あるいは比例代表制の方が民主的だと言える。民意の縮図、すなわち国民が投票した比率をそのまま議席数に反映するという意味では、比例代表制が最も民主的であり、次いで大選挙区制、中選挙区制となる。

小選挙区制の場合には、当選者は二大政党に集約されがちとなる。どの選挙区でも当選者は一人で、最後は二者の決戦になる。そうすると、二大政党の候補者以外はほとんど食い込めない。たとえばイギリスの場合も、保守党、労働党の二大政党と、その間の小さな自由党である。小選挙区制に比例代表制を組み合わせたドイツの場合も、そういうかたちをとりやすい。小選挙区制下では、二大政党プラス一小政党、計三つまでの政党になり、政局の安定と政権の交代が狙《ねら》いになっている。

それに対して大選挙区制は、比較的国民の幅広い民意を反映した代表を選ぶことができ、大変民主的な制度と言えるが、反面、小会派乱立になり、政局不安定に陥りやすい。現に一九四六年四月十日の戦後第一回の衆議院議員選挙の結果、議席は日本自由党百四十、日本進歩党九十四、日本協同党十四、日本社会党九十三、日本共産党五となり、左翼政党が躍進した。しかし、諸派三十八議席、無所属八十議席という数字に示されるように、小会派乱立の様相を呈した。したがって、大政党であっても議席数は非常に少なく、どことどこが組めば過半数を握れるかが読みにくい状態であった。

そうしたことから一九四七年、日本自由党と日本民主党の保守二党が政党乱立の抑制と政治の安定を大義名分に、小選挙区制と大選挙区制の中間の中選挙区制を復活させた。これが左翼勢力の伸長を抑えることをも企図していたことは、言うまでもない。

もう一つ、非常に意外なことに、労働組合法の制定もこの先取り改革定着型である。日本には民主的基盤が乏しいので、労働組合法制定などはGHQが厳しく介入した結果に違いないと思いがちであるが、そうではない。これもやはり大正時代からさまざまな労働争議が起こるなかで、内務省社会局の啓蒙的な人たち（のちに厚生省に移される）が、労働問題のエキスパートとして欧米との比較研究を行って検討を重ねていた。終戦が近づいてきたところで、戦後の民主化は必定である。その時に備えて準備を急いでいた。早くも降伏文書調印と前後して、労働組合法制定を閣議決定し、一九四五年十二月二十二日に労働組合法を公布している（一九四六年三月一日施行）。その後文体や字句の改正もあったが、基本的にはほとんど変わらない内容で今日に至っている。

このように戦前の日本にも、社会的に問題となっていたことに対してはそれに対応しようとしていた多くの啓蒙的官僚がいて、彼らが積極的に先取り改革を行ったのである。

ＧＨＱ指令型

それに対して、日本側では改革など考えてもいなかったものについては、先取り改革のしようがなかった。ある日突然ＧＨＱの指令があって、強制の下で有無を言わさず改革させられたのである。経済関係の財閥解体に関するものや、「私的独占の禁止及び公正取引の確保に関する法律」（いわゆる「独占禁止法」、一九四七年四月十四日公布）、「過度経済力集中排除法」（一九四七年十二月十八日公布）、あるいは自治体警察の創設（一九四七年十二月十七日）などがこのＧＨＱ指令型に入る。

財閥解体や独占禁止法、過度経済力集中排除法に対して、日本の経済界は、主観的には戦争の被害者だと思っていた。軍閥に圧迫され、ずいぶん無茶をされた。もちろん、それに積極的に協力した業界や企業もあった。しかしそれは日産コンツェルンなどの、いわば新興財閥であって、三井、三菱、住友、安田など老舗はむしろ軍閥の圧迫の下で何とかしのいできた。おそらくこの戦争は負けるという見通しを持ちながら、生き延びてきた。だからむしろわれわれは被害者であって、何も占領改革の刃で突き回されるいわれはない、と考えていた。

それだけに、日本側に自前の準備はなかった。しかしＧＨＱは、「初期対日方針」に基づいて、民主化の基礎には経済界の民主化が不可避である、財閥支配は許されないと切りかかってきた。ＧＨＱの命令を受けて、日本側は不本意ながら実行せざるを得なくなった。

内務省解体

占領改革のうちには、二段階改革の典型に入れればいいか、ＧＨＱ指令型に入れるべきか迷うような中間的形態がある。たとえば地方自治法の制定（一九四七年四月十七日公布）である。地方自治制度を改革しろと言われた内務省は、知事を任命し、地方を支配し、中央集権的警察を掌握し、かつ建設事業を管轄しており、戦前の日本の官僚機構のなかで、断然強い権限を持っていた。内務卿大久保利通の時以来、内務大臣は概して副総理格であり、強大な権限を持っていた。原敬《はらたかし》も内務大臣として力をふるった。現在の省で言えば、自治省、警察庁はもちろん、建設省や厚生省も内務省に属していた。

内務省は、GHQの意を受けて一応自主改革を考える。ただし、誇り高く武骨な内務省は、潔く敗者になろうとせず、したたかに抵抗する。それでは首長は住民の選挙によるといういうご意向に沿いましょう、としながら、その選ばれた首長を上から任命するかたちをとろうとした。内務省の考え方からすれば、府県は中央政府の実施機関としての役割を果たすべきものであった。

しかしGHQは逆で、地方自治体の首長と議会は、住民の意思に責任をとることを原則と考えていた。内務省は、かたちのうえではその意向を受け入れながらも、上からの任命、手足、道具としての地方自治体という観点を貫こうとした。

GHQは内務省案を拒否して、自らの意思を貫徹した。とりわけ民政局は内務省に対して厳しく、四七年四月三十日には「内務省の分権化に関する覚書」を発表して、過度な警察分権化に消極的であった内務省を、ついに解体に追い込む出発点としたのである（一九四七年十二月三十一日、内務省廃止）。抵抗すればどうなるか、をGHQは内務省解体によって示したのである。

戦前の日本の政治機構のなかで、陸海軍や参謀本部など軍事機構や枢密院はすべて廃止された。しかし、民生的な省のなかで当初GHQが解体を考えていたのは、内務省と大蔵省であったといわれる。この二省は戦前から強大な権限を持っていた。他に、意外にも文部省も国家総動員のような戦時教育に手を汚していたからであろうか、解体が考えられていたという。

大蔵省については、財政面で実権を握っており、あの破滅経済時代の財政を担っていた。明治以来、現在から考えればぞっとするが、有事の際には常に国家予算の半分近くが軍事費になっており、残る半分を諸省が分けあうという状態であった。特に日中戦争以後、高橋是清《たかはしこれきよ》大蔵大臣が二・二六事件で殺されてからはだれも軍部に抵抗できなくなって、ついに七五パーセントが軍事費になった。そのように、大蔵省は結局のところ軍部に抗し切れなかった。

GHQは、強大な権限を持っていながら軍部をチェックできなかった、大蔵省と内務省の解体を考える。文部省は、さほど危険な存在でないと見られたのであろうか、民主化教育の機関として利用されることになり、解体されずに残った。逆に内務省は、地方自治法や自治体警察を作る時に無神経に抵抗をしたがために解体された。

その点、大蔵省は利口であった。いち早くＧＨＱの動向に関する情報をキャッチして、きめ細かにコミュニケーションを行い、占領統治に非常によく協力した。時代の覇者に仕える官僚的対応の伝統を丁寧に実行し、ＧＨＱに対し自らの有用性をアピールし得た。

憲法改正

憲法改正に関する文書は、戦争中、ワシントンで準備されていなかった。アメリカの占領政策は、明治憲法の枠に顧慮せず、必要な改革を個別にまず推進する、という経験主義的アプローチを優先させていた。しかし、「ポツダム宣言」の「日本政府は、日本国民のうちに民主的傾向が復活され強化されるよう、それに対する一切の障害を除去せねばならない」（第十項）との条項が、「日本政府」に憲法改正の責務を負わせたものと考えられた。

マッカーサーもその線に沿って、当初日本政府に改正作業を命じた。また一九四六年一月七日、ＳＷＮＣＣで決定され、十一日にマッカーサーに送付された「日本の統治体制の改革」（SWNCC二二八）も、国際関係に配慮しながら、「最高司令官がさきに列挙した諸改革の実施を日本政府に命令するのは、最後の手段に限られなければならない。というのは、前記諸改革が連合国によって強要されたものであることを日本国民が知れば、日本国民が将来ともそれらを受け容れ、支持する可能性は著しくうすれるであろうからである」として、日本政府自体に改革させるよう求めていた。

同文書は、日本軍備の廃棄ではなく制限を示唆しており、また天皇制についてはワシントンでの意見対立を反映して、「日本人が、天皇制を廃止するか、あるいはより民主主義的な方向にそれを改革することを、奨励支持しなければならない」と、廃止と存続の場合の条件を併記していた（訳文は高柳賢三・大友一郎・田中英夫編著『日本国憲法制定の過程』Ⅰ）。

ところが、四五年十二月にモスクワで開かれた米・英・ソ外相会議は、日本管理のための政策決定機関である極東委員会（Far Eastern Commission＝略号ＦＥＣ）をワシントンに置くこと、連合国最高司令官の諮問機関として対日理事会（Allied Council for Japan＝略号ＡＣＪ）を東京に置くことに合意していた。四六年二月二十六日に発足が予定されていた極東委員会の介入を嫌ったマッカーサー司令部は、その活動が本格化する前に、自らのイニシアティブで憲法改正を実施し、戦後日本政治の枠組みを固めてしまおうとする。幣原内閣は松本烝治国務相を中心に、委員会を設けて憲法改正案を作成していたが、この案が明治憲法から多くを出ない保守的なものと思われたことも、その決断を促進した。

四六年二月三日朝、マッカーサーは、天皇制存続、自衛権を含む完全な戦争放棄、封建制の廃止の基本方針（「マッカーサー三原則」）を示して、民政局に新憲法草案の作成を命じた。この栄誉を与えられた民政局は合宿状態の突貫作業を行い、十日後の十三日に憲法草案を完成した。ホイットニー民政局長は松本試案の受理を拒否し、用意した民政局草案を日本政府に提示し、受諾を強く求めた。

ホイットニーは吉田外相、松本国務相に対して、「最高司令官は、天皇を戦犯として取調べるべきだという他国からの圧力、この圧力は次第に強くなりつつありますが、このような圧力から天皇を守ろうという決意を固く保持しています。……しかしみなさん、最高司令官といえども、万能ではありません。けれども最高司令官は、この新しい憲法の諸規定が受け容れられるならば、実際問題としては、天皇は安泰になると考えています。さらに最高司令官は、これを受け容れることによって、日本が連合国の管理から自由になる日がずっと早くなるだろうと考え、また日本国民のために連合国が要求している基本的自由が、日本国民に与えられることになると考えております」(「マイロ・E・ラウエル文書」第十六号、『日本国憲法制定の過程』I所収)と迫る。この草案を受け入れなければ天皇の運命は知らぬ、「戦争放棄」条項が天皇制存続に効果的である、という論法であった。

アメリカ国内や連合諸国のうちに根強かった天皇制廃止論は、天皇制を存続させると再び軍国主義と結びついて、日本が世界平和を乱しかねないとの認識に基づいていた。天皇制それ自体が封建制の遺物であり、反民主主義的であるとの見方もあった。アメリカや関係諸国にとってどうしても譲れないのは、太平洋の安全、すなわち日本が再び暴発しないということであった。その観点からすれば、「戦争放棄」という前例のないことを憲法に書き込むことの重さが、天皇制の許容に際して大きな効果を持つことは明らかであった。

幣原首相や吉田外相らは抵抗を試みたものの、二月二十二日、結局受け入れた。そして三月六日には「憲法改正草案要綱」として発表し(主権在民・天皇象徴・戦争放棄を規定)、また四月十七日には口語体・ひらかな書きの「憲法改正草案正文」を発表した。十月七日、衆議院を通過して、日本国憲法が成立し、十一月三日に公布された。

この日本国憲法案が発表されると、国民は熱く歓迎した。憲法がアメリカ側に強制されたものであることは、以上の経緯から明らかである。GHQが日本政府が準備していた松本試案をはねのけて、これで行かねば天皇制は知らぬと、日本の指導層の泣きどころをついてマッカーサー草案を押しつけたのであるから、事実関係から言えば押しつけである。しかしながら、日本政府は正規の手続きによってこの案を検討・修正のうえ、決定した。さらに、この憲法を国民の圧倒的多数が、内容的に歓迎したのである。

われわれは剣をもてあそんで、壮大なフィクションとしての「大東亜共栄圏」や「八紘一宇」などに狂奔《きょうほん》した。どんなに空しかったか。われわれは今後は自らの足下をしっかり見つめ、文化的なものを持った平和な国民として生きていきたい。五大国でなくても、貧しくても、平和で公平な社会を再建したい――という気持ちが、戦後の日本国民には非常に強かった。少なくとも、もう一度武器をとることだけはごめんだ、というのが国民の広範な願いだった。それだけに公布された日本国憲法に対しては、これこそわれわれが望んでいたものだった、という反応が強かった。

天皇制についても、象徴として実権を外すかたちで残す。日本史の多くの時代には、案外実質はそうだったのかもしれない。天皇制というのは、実際に天皇家が君臨統治した古い時代と明治の一時期を除けば、実際の実権とは切り離された権威であった。そして前述のように、昭和天皇自身、それでいいではないかと側近に言っていた。

このように、民主化は大いに結構、われわれが欲していながらなかなか得られなかったものだと、国民は日本国憲法を歓迎した。その意味で「押しつけ憲法論」は一面的であり、経緯はともかく、内容的には国民の意に反するものでなかったことを忘れてはならない。

「押しつけ憲法」論は、たとえてみれば自分を育ててくれた父親が、自分が成人するころになって母親と離婚すると言い始めるようなものである。どうしてかと聞けば、父親は、わしは本来、結婚は自由恋愛によるべきだと考えてきた。しかるにあの時、親によって結婚を強制された。しかしわしはどうしても自由恋愛でなければいかんと思うので、やはり母さんと別れる、と言う。子どもにすれば、自由恋愛主義もいいが、母親のどこがよくないのか。器量も十人並みだし、家族の世話もよくしてくれているし、申し分ないではないか。どこがいけないのか、変なこだわりから、この生活を破壊しないでもらいたい、となる。

日本国憲法は成立のいきさつが押しつけであるから我慢できぬ、民族の誇りが許さぬという「押しつけ憲法」論に対して、その日本国憲法下で自然に育った世代は、どこがいけないのかと考える。参議院の制度が具合が悪いとか、具体的弊害を言うなら考え直さねばならないが、そもそも憲法をご破算にしなければいけないなどという議論は、いいかげんに大人になって卒業してはどうか、と諫《いさ》めたくなる性質のものである。

ところで、戦争放棄条項の起源については、いまも議論が続いている。日本政府側がマッカーサーの発案であると信じているのに対し、マッカーサーは幣原首相の提案にもとづくと回想している。双方に一面の真理があるように思われるので、私は田中英夫教授の二段階説に同意したい（田中英夫『憲法制定過程覚え書』）。

つまり、四六年一月二十五日にマッカーサーに会見した幣原が、日本政府の対外声明を念頭に置いて戦争放棄を口にした。これに賛意を表したマッカーサーが、憲法に明文化するかたちの指示を出した。憲法に条文化することは幣原の予期せぬところであったが、日本政府が国際的信用を回復するための戦争放棄声明を考えたのは幣原である。このような二段階説が穏当な解釈ではなかろうか。

ともあれ、こうして新憲法が成立し、ひとたび制定されると、すべての改革がこの基本法に沿って進められることになった。

第四章　自立に向かって

連合国軍総司令部（GHQ，日比谷の第一生命相互ビル）

一　改革――戦後体制の基盤

受益層の形成

占領改革には以上のように三類型があって、いずれの類型を通しても、その改革が受益層を作っていった。たとえば、憲法改正によってだれが受益したかと言えば、ほとんどすべての国民に関わりがあるが、とりわけ男女平等がうたわれた点について言えば、婦人が受益したと言える。また、表現の自由を保障されたことで言えば、マスコミが受益層であったろう。

衆議院議員選挙法という個別法の改正によって、婦人に参政権が認められた。より抽象的には、民意というものが受益層になったと言える。どのような制度であれ、選挙が行われて、新憲法の下で国権の最高機関としての国会議員が選ばれる。そうすると、政党がいっぺんに自信を持ち始める。衆議院議員選挙法の二度目の改正に際しては、官僚にかわって政党が主導権を握るようになった。そういうことから言えば、民意の正統性を得た新人代議士たちは大変な受益層であった。

地方自治体の公選首長や議員は、地方自治法による新受益層である。

このように、占領改革が受益層を生み出すということは、言いかえればその改革に対する強い支持層が登場することを意味する。そのような改革を元に戻すことは、決してできない。それは社会に定着したことを意味する。逆に受益層を生み出すことに失敗した改革は、逆コースの波をかぶって消失する危険性が高い。

労働組合法によって立場を保障された労働組合は、革新政党の政治基盤になっており、正当な発言権を認められた受益層として登場した。他方、農村は農地改革を通して保守政党の基盤になっている。もっとも農村については、保革のどちらに転ぶかわからない局面があった。すなわち、一九四七年六月一日に日本社会党の片山哲内閣が成立した時が、社会党が農村を支持基盤とするチャンスであった。

社会党には戦前から農民運動を指導してきた日農（日本農民組合）系の指導者もおり、農地改革が進むこの時期にもかなり活躍していた。それゆえ農地改革によって土地を与えられて自作農となった人たちが、社会党の支持基盤になってもよかった。しかし、改革が行われる経緯においては社会党系指導者たちが活躍したが、改革が実施されたあとは、農民はむしろ農協の活動を媒介に保守基盤につながっていった。

農民がなぜ保守に向かったかと言えば、農協が生活上の便宜を提供してくれることもあったが、当時、社会党が内紛を起こしてリーダーシップをとり誤ったためでもあった。四七年十一月四日に農民運動の指導者であった平野力三農相が、閣内非協力を理由に突然罷免《ひめん》された。社会党がこの時期に農民運動関係の人物を大事にして農村基盤の確保に努めておれば、それ以後、保守党が半永久政権とも思えるほどに強くはならなかったかもしれない。

農地改革が実施されていた戦後四年間ほどは、農村部における政党支持はまだ流動的であった。ところが農地改革がほぼ山を越して、農民が農協に落ち着いていく一九四九年になると支持は保守に傾き、五〇年代前半にはその傾向がますますはっきりしてくる。その意味で、農地改革によって受益した人々が、保守と革新のどちらの基盤を支えるかが、保革体制の非常に大きなターニング・ポイントであったように思われる。

「五五年体制」

以上述べたように、占領改革が実施されるなかで受益層が生み出され、その受益層が改革の定着を確定しただけでなく、戦後日本の政党システムたる「五五年体制」の基盤となった。

一九五一年九月八日に調印されたサンフランシスコ講和条約への賛否をめぐって、同年十月以来右派と左派に分裂していた日本社会党が、五五年十月十三日、四年ぶりに再統合された。その一ヵ月後の十一月十五日、自由党と民主党とが合同して自由民主党が結成され、保守合同がなった。こうして保守と革新を代表する勢力がそれぞれ一つに統合され、この二政党が、その後第一党と第二党を占め続けることになる。この保革体制は、成立した年にちなんで「五五年体制」と呼ばれている。

当初この保守と革新の支持基盤はさほど明瞭に確定しておらず、まだ差はなく、流動的であった。

保守基盤として確定していたのは自営業であって、これは非常に純度の高い保守支持層として一貫している。また農民層は、先に述べたように農地改革の途上では革新にも揺れながら、改革が一段落したところで革新から離れて保守基盤となっていった。農村は人口が多く、この大部分を押さえることによって保守層は厚みが増した。この両者は、一九八〇年代末に間接税問題や農産物自由化問題をめぐって、自民党に反発を強め、一九九三年に反自民の細川護熙《ほそかわもりひろ》政権が生まれるに至るまで、半世紀近くもその「一党優位」状況を支え続けた。

それに対して、革新の基盤は労働組合、特にやがて総評に統合される組合である。

ホワイトカラー（事務職）の政党支持も流動的であったが、一九五〇年代からは労働者とともに、その三〇パーセント以上の人々が社会党を支えるようになる。農村でも、一部の革新系農民運動の人たちが革新の基盤となる。あなたはどの政党を支持しますか、という八〇年代の世論調査では、農業に従事する人たちの一〇パーセント台の支持が社会党にある。社会党に対する労働者の支持が低下傾向を続けて、都市部の選挙で苦戦する一方、結構農村部で社会党は強く、当選者を出す。これが一九八九年七月の、社会党が大躍進した参議院選挙までの構図であった。

以上のような五五年体制の社会的基盤をなす勢力のほとんどが、占領政策の産物であった。唯一といってよい例外は自営商工業者であって、占領期の大変動の波を職種として受けることなく、戦前から連続している。その他は、その政治的重要性や性格はさまざまであるとはいえ、いずれも占領改革を機に一つの社会勢力を形成し、戦後日本政治の一角を構成することになったのである。

二　占領政策の転換

政策と政争

「サルは木から落ちてもサルだが、政治家は選挙で落ちればタダの人」とは、大野伴睦《おおのばんぼく》氏の名言（？）の一つだったと記憶する。この言葉は、政治にとって「政争」という要素がいかに重いものであるかを示唆している。

選挙はルール化された政争である。野蛮な時代であれば、国内でも剣によりライバルをたたき切って権力を手中に収めようと争った。民主主義の時代には、ライバルを殺す代わりに支持する人の数をかぞえて、どちらが権力を手にするかを決める。その意味で、選挙は内戦、革命、クーデタ、テロ等の代わりである。制度化された戦闘、文明化された権力闘争といっていいだろう。

どんなに国を憂う立派な人物であれ、選挙という政争に敗れてしまえば、その抱負を実行することはできない。だから政治家は、勝つために全力を注ぐ。そのためには手段を選ばない。表沙汰《おもてざた》にならない限り、買収など非合法手段もいとわない。きれいごとで政治はやれない、と手段である政争に血道をあげる。いつしか手段が自己目的化する。よき政策を行うための手段であるべき権力保持自体が至高の目的と化す。そのような政治権力の魔性というか、罠《わな》をも、この言葉は暗示している。

選挙は政争の入門編でしかない。いわば政治ゲームへの参加条件でしかない。めでたく当選して代議士となったうえで、有力政治家となり、派閥を率い、政党の主流派をつくり、総裁となるための、絶えることなき政争が待ち受ける。

では、政治は政争につきるのか。決してそうではない。政争の雄、政争の鬼が政治家として大をなしうるのかといえば、実はそうではない。世の中、それほど甘くはない。よき政策上の業績をあげなければ、政治家は信頼されないし、政党も伸びない。とりあえずは「実弾射撃」と「腕力」で政争を勝ち抜けるように見えても、それのみを得意芸とする人は、正統性と品位を疑われ、暗いイメージをまとうようになる。

政治に正統性を与えるのは、やはり政策である。国民のよき歴史を切り開くために献身する姿があって、はじめて政治家は尊敬される。結局のところ、政治家はどのような権力を得たか、どのポストに就いたかで評価されるわけではない。どのような政策上の治績《ちせき》を残したかで評価が決まる。権力はそのための必要悪である。「必要」が「悪」を上回らなければ、権力は正統性を失う。国民の境遇と運命に責任感を欠く者は、政治家としての存在理由を失う。政治家も政党も、すべてのリーダーシップは、どれほど公共善をもたらしうるかである。政策上の大義を、政争のジャングルをくぐり抜けて実現できる者でなければ、政治はつとまらないのである。

占領政策という名の国際環境

占領期は、だれが戦後日本政治の担い手となるかを選考する時期であった。だれが担い手となるかという問題は、どのような政治路線を戦後日本が選ぶかという問題と表裏をなしていた。

一体、何がそれを決めるのか。占領下で確立された議会制民主主義のルールから言えば、民意が権力の所在を決定する。国民の選んだ多数党が国家のリーダーシップを構成する。それゆえ戦後政治の担い手たらんとする政党は、先に述べた占領改革の生み出したさまざまな新受益層の利益擁護者をふるまい、その支持をより多く集めねばならない。個別利益諸集団をとらえるだけでなく、経済運営など全体政策についての能力評価も示さねばならない。

もう一つ必要なことがあった。占領下日本において最高権力を保持するＧＨＱの支持を得ることである。いかに最高権力とはいえ、民主政治の樹立を標榜するＧＨＱであるから、民意の支持を受けた政党を斥《しりぞ》けることは容易でない。しかし占領者の意思はやはり至高である。石橋を追放し、内務省を解体したように、GHQが占領政策に非協力的なある政党を解散させることは可能である。トルーマン大統領の一九四五年（昭和二十）九月の指令《し》は、必要なら日本政府そのものを解消して、最高司令官が直接軍政を布く権限すら、マッカーサーに与えていたのである。したがって戦後政治に生き残り、主導権をとりたいと思う政党にとっては、GHQの好意を享受すること、少なくとも拒絶反応を受けないことが必要であった。

そのことは、占領という異常事態に基づく例外的事象と見られるかもしれない。だが、国際環境への適合的な政治と広く定義すれば、それは政党にいつも求められる要件である。国際環境に敵する政策を追求すれば、いつの時代にも対外的に行き詰まり、国益を損じる。そのような政党は、間違いなく国内においても批判を浴び、退散を余儀なくされる。一九三〇年代からの軍部の時代は、こうした対外政策の合理性から離れて「自主外交」を展開した例外的時期であった。その結果は、敗戦と占領という逆の例外を生み出した。国際環境の要請が国内最高権力を握るという事態を招いたのである。この経緯は、政府が国際環境に照らして自らの政策を絶えず調整しなければ、かえって自立と国益を全うできないという一般的事実を告げている。

つまり、占領下日本において、一方で国内における支持基盤を拡大し、同時に占領政策という名の国際環境に適合的な政策を打ち出す、という二重の課題に対応した政党が、戦後政治の担い手となり得たのである。

保革の支持基盤の形成については、先に占領改革との関係で述べたので、ここでは占領政策と国際環境への対応をめぐる戦後日本のリーダーシップ形成について見ておきたい。

君臨する民政局（GS）

GHQは軍隊組織であった。軍隊組織において軍司令官の権限は絶対である。マッカーサーは制度的理由に加えて、権威への断固たる意思と能力ゆえに、GHQ内における絶対者であった。

GHQの他の高官たちの影響力は二つの要素から決まる。一つは制度上の権限である。GHQは一大官僚機構であり、いくつもの局と課に区分され、それぞれが固有の分野について管轄権を持っている。自らが管轄する問題について、局長や課長は先議権を持つ。マッカーサーが拒否しない限り、局長の決定がGHQの政策である。

もう一つは、各高官の政治力である。問題についての理解力や情報収集能力、政策をつくる意思と情熱、仲間や上司に対する説得力や信望など、いずこにあっても変わらぬ諸要素が政治力を構成する。ＧＨＱにあって特徴的なのは、絶対者マッカーサーとの距離が各高官の政治力を左右する決定的要素である点である。

占領初期において、民政局（ＧＳ）が圧倒的な役割を果たしたのは、この二つの要素が結びついたからである。ガバメント・セクション（ＧＳ）とは、文字どおり訳せば「政治局」である。その名のとおり、民政局は日本政治全体を管理する立場にあり、かつマッカーサーの政治参謀部であった。たとえば日本の経済官庁全体に対応する経済科学局（Economic & Scientific Section＝略号ＥＳＳ）や、警察機構に対応するＧ２などの各局は、固有の問題について先議権を持つ。しかしＧＳは、政治全体の観点から重大だと判断すれば、これら原局の方針に反対し、介入することができた。

そして、原局と民政局の意見が対立した場合、民政局が勝利することが多かった。マッカーサーがホイットニー民政局長を腹心としていたからである。ホイットニー局長のみが、毎夕五時から一時間ほどマッカーサーと二人で話すのを常とした。その他の時間についても、ホイットニーはアポイントなしでマッカーサーの部屋に入ることができた。ホイットニー局長が、他の諸々の局長の上に立つ実質上のナンバー2として、「帝王」に対する輔弼《ほひつ》の責に任じていた。

この局長の率いる民政局の士気が高く、絶大な権力を持ったことは容易に察せられよう。新憲法起草を担ったのはその表れであり、かつ憲法を起草したことが民政局の影響力をさらに強化した。以後すべての問題は憲法に照らして決定されねばならず、憲法についての有権解釈は民政局によって下されることになるからである。

民政局にあって実権をふるったのは、ケーディス次長であった。制度的にいえば、お飾りにもなれば実力者ともなりうるのが、次長というポストである。ケーディスは自らの手で改革を断行することに強い意思と情熱を持っている点で、非軍事化と民主化の時代にうってつけであった。そのうえケーディスは、ホイットニー局長の信任を得ていたので、日本政府に対し初期民主化改革を思いのままに実施させる現場責任者の観があった。民政局内の重要な意見や報告は〝メモ・フォー・ザ・チーフ〟(局長宛覚書)の形式を踏むことになっていたが、それをケーディス次長に提出するのが内部手続きであった。

さて、日本の指導者たちは、このような内部構造を持つGHQに対し、どのような「外交交渉」を行ったか。例外的に非協力的な閣僚もいたが、全般的に言って、歴代首相とその内閣は、GHQに協力的であり従順であった。その点では、保守の吉田も、革新の片山も変わらない。政党とイデオロギーの差を超えて、日本政府は初期改革の担い手をつとめた。

けれども、吉田首相と片山首相とでは、GHQとのつき合い方は対照的であった。吉田はもっぱらマッカーサーと交渉した。GHQを訪れても民政局の面々には目もくれず、最高司令官の部屋へ直行した。マッカーサーにたびたび書簡を送り、マッカーサー夫人の誕生日には気のきいたプレゼントを贈った。誇りが高く不遜《ふそん》なところもあったが、なかなか洗練された外交ぶりで、マッカーサー夫妻は吉田に好意を持った。民政局がとった措置について、「われわれ二人の間の了解と食い違っている」と、吉田はマッカーサーに手紙を送って注意を喚起し、改めさせたこともある（VIP FILE，マッカーサー記念館蔵）。つまり、吉田は国家代表者間のサミット外交に徹したのである。

当然ながら、ケーディス次長以下の民政局における吉田の評判は最低であった。泣く子も黙る民政局の権威を意に介さぬ、無礼な日本指導者は稀《まれ》であった。それでいて石橋のように吉田を切ることは、民政局にもできなかった。吉田は占領政策には協力していたし、何よりも絶対者マッカーサーの覚えが悪くなかった。

民政局にとって幸いなことに、一九四七年四月の戦後二度目の総選挙で、吉田の日本自由党は敗れて第二党に転落した。片山哲の率いる社会党が第一党に躍進した。吉田首相が保革連合を組んで政権維持を図れば、おそらく民政局は弾圧を試みたと想像される。そう読んだかのように、吉田は潔く政権を投げ出し、社会党に渡した。吉田は元外交官だけあって、GHQを含む対外関係の動きには敏感であった。

民主党、国民協同党との連立政権の首班となった片山首相は、吉田とは逆に、民政局にとってまことに好ましい存在であった。革新中道の立場が民主化改革の担い手として歓迎できるだけでない。片山は首相在任中マッカーサーとは二度しか会わず、もっぱらケーディス次長らと緊密な関係を結んだ。片山首相は重要な問題について事前に民政局に伺いをたて、その勧告に従順であった。ケーディスは晩年まで自宅に、マッカーサーの写真とともに片山夫妻の写真を飾っている（同氏にインタビューした福永文男氏の談による）。

片山　哲

それほど民政局という占領政策の中枢に愛された片山首相であったが、一年と連立政権を維持できなかった。社会党が統治経験皆無のまま、いきなり政権に就いたことを考えればやむを得まいが、政治技術は拙《つたな》く、党内は異論を吸収し協力して政治を運営する寛容と分別の気風を欠いていた。片山内閣の予算案に対して、党内左派が反対した結果、不成立となり、これを機に内閣は総辞職した。どれほど国際環境に適合的であっても、やはり政治指導力を欠き、党内基盤を固めることができなければ、政権は維持できないのである。

当時、すでにゴタゴタを続ける連立政権に世論は冷淡となっており、反射的に政権から離れていた吉田の自由党が人気を高めていた。しかも保守党間の離合集散により、自由党はすでに選挙をまたずに第一党の議席を回復していた。通常であれば、ここで政権は吉田に移行していたかもしれない。しかし民政局が影響力を行使し、芦田《あしだ》均《ひとし》首相の下で、同じ三党の連立政権を持続させた。一九四八年三月のことである。

民政局が力を誇示した瞬間であったが、芦田内閣も七ヵ月しか続かなかった。昭電事件という一大疑獄事件が明るみに出たからである。これは民政局の改革路線に反対するG２のウィロビー少将が、日本の警察による捜査と摘発をバックアップした結果とも言われている。

かくして、いよいよ吉田内閣の再現は確実と思われたが、民政局はあくまで吉田を忌避《きひ》しようとした。民主自由党総裁の吉田ではなく、幹事長の山崎猛《やまざきたけし》を首班に立てる工作を行ったのである。民自党は一度この指導に沿って動きかけたが、吉田は不退転の闘志をあらわにした。マッカーサーの真意を質《ただ》しつつ、議員総会における冷戦を制した。民自党は吉田総裁を立てることを決定した。ケーディスらはなお強権発動による介入を主張したが、マッカーサーとホイットニーがそれを許可しなかった、とケーディスは回想している。保守派ながら占領政策に概して協力的であったこと、民政局に嫌われても、マッカーサーには嫌われていなかったことが、吉田を救ったと言えよう。

民政局が影響力を行使し得たのは、吉田首相による解散総選挙を妨害し、二ヵ月ほど先延ばしすることだけであった。それも、吉田のリーダーシップ確立を妨げることはできなかった。一九四九年一月に行われた総選挙で、吉田の民自党は保守合同前であるにもかかわらず、一党で五七パーセントの議席を奪う地滑り的大勝利を収めたのである。そのことは、民政局による政治指導の限界を明らかにし、ケーディスらの影響力の急速な低落をもたらすことになる。

遅れて来た冷戦

アメリカ政府によるグローバルな冷戦政策の展開と、対日占領政策への適用には一年以上のタイムラグがある。

チャーチル前首相が有名な「鉄のカーテン」演説をアメリカで行ったのは、一九四六年三月であり、これはまだ冷戦認識の稀薄なアメリカに対して老政治家が警鐘を試みたものにすぎなかった。四七年三月のトルーマン演説は、冷戦的構図を描いてアメリカの国際関与の強化を訴えるものであった。五日後に、前述のように東京でマッカーサーが早期対日講和を提唱したが、それは冷戦的文脈とは無関係な占領段階論に立脚していた。その一月半ほど前にマッカーサーは二・一ストの停止を命じたが、それは軍政官として統治の論理を貫いたまでであり、グローバルな冷戦政策の一環といったたいそうなものではなかった。

四七年六月の「マーシャル・プラン」に対して、ソ連が東欧諸国を率いて対峙し、ヨーロッパにおける冷戦構造はついに確定的となった。この時期、国務省極東局は対日早期講和案を作成したが、それはなお冷戦的文脈を考慮することなく、旧敵国日本の処理を追求するものであった。ワシントンにおいてすら、冷戦政策は徹底しておらず、日本は冷戦の本場から遠くにあった。この時期、東京では、民政局の祝福を受けて、社会党を中心とする連立政権が出発し、なお民主化改革たけなわであった。

ところが、早期講和問題を契機に、冷戦政策の設計者ケナンPPS室長の対日政策への介入を招き、占領の継続と占領政策転換へと進むことは前述のとおりである。巨大な機構における政策転換の徹底には時間がかかる。ケナンの対日講和案への介入は一九四七年夏であったが、その観点は、ロベット（Robert A. Lovett）国務次官補、アチソン国務次官、マーシャル国務長官、フォレスタル国防長官、ロイヤル（Kenneth C.Royall）陸軍長官、ドレーパー（William H. Draper）陸軍次官ら政府高官の間での了解は進んだものの、マッカーサーが君臨する半自立的王国・日本には容易に届かなかった。東京では無関係に民政局が連立内閣を指導していた。一九四八年一月、ロイヤル陸軍長官が日本を共産主義に対する防壁とする演説を行ったが、それは占領政策が転換されたことを意味するのではなく、容易に転換されない現実への一石にすぎなかった。

一九四八年三月にケナンとドレーパーが東京を訪れ、マッカーサーとの間で合意形成を試みた。両人が求めた経済復興と再軍備のプログラムのうち、マッカーサーが同意したのは前者のみであった。マッカーサー自身の指示によって第九条をふくむ新憲法が施行されてから、まだ一年も経ていなかった。それゆえ再軍備政策への転換は、マッカーサーの不見識を証明し、その権威を傷つけることを意味せざるを得なかった。日本国内が再軍備を望んでいないことは明らかであり、この問題は厄介な国論の分裂を呼びそうであった。マッカーサーは反共主義者であっても、日本に対する直接的軍事的脅威を差し迫ったものと考えていなかった。マッカーサーは朝鮮戦争勃発《ぼっぱつ》まで頑強に再軍備に反対することになる。この時期、東京では、民政局が片山内閣崩壊後、芦田内閣の誕生を指導し、なお改革路線の堅持を計っていた。国際的な冷戦の嵐のなかで、島国日本はマッカーサーの翼の下で平穏であった。

ワシントンが国家安全保障会議の「アメリカの対日政策についての勧告」(「NSC13―2」)文書の採択というかたちで、ケナンの策案に基づいて経済復興政策の着手を軸とする対日占領政策の転換を決定したのは、一九四八年十月のことであった。ケナンの当初の介入から一年三ヵ月を経ていた。それでもなお帝王マッカーサーは、自分は「連合国最高司令官である」とアメリカ政府の決定に対して反発を示した。ちょうど民政局が吉田政権の復活を阻止しようと試みていた時期と符合する。

しかし、このたびのうねりは本物であり、マッカーサーといえども抵抗しきれるものではなかった。「NSC13―2」は大統領の承認を経た最高決定であり、それへの抵抗は米国最高権威への反乱を含意した。アメリカ政府のあからさまな対日占領政策への介入は、自らの権威を重んずるマッカーサーにとって不快であったが、経済復興という内容には反対ではなかった。民主化改革の事業を終えてなお占領を継続するとすれば、日本社会の安定と発展を支える経済復興に着手するほかはない。そのことにマッカーサーは同意していた。政権に復帰する吉田がそれを切望していることも明らかであった。

マッカーサーは、一度はワシントンへの不快の念を乱暴なる言葉で表明したものの、ワシントンの意思と吉田政権の再登場を結ぶ流れを受け入れる。一九四九年を迎える年頭メッセージにおいて、マッカーサーは日本経済の自立を強調し、二月にはドッジ（Joseph M. Dodge）経済顧問を日本に迎えて、経済再建の指導を委《ゆだ》ねた。

民政局はこのワシントンと東京を結ぶうねりに飲み込まれた。吉田政権阻止の試みが最後の抵抗であった。吉田の側から言えば、直接の窓口である民政局は厳しかったが、もはやそれは国際環境を反映した指導ではなかった。吉田の経済再建優先の希望は、国際環境の変化に伴うワシントンの大方針と合致していたのである。

こうした事態は、日本政府がＧＨＱの厳しい支配から脱して、対外関係の自立性の回復に向かうことをも意味した。吉田政権は、一九四九年にはドッジと協議して強引な経済再建政策を強行し、一九五〇年からはダレス（John F. Dulles）特使との間で講和交渉に入る。ＧＨＱに外交権を奪われていた日本政府は、ＧＨＱを通すことなく、アメリカ政府の代表者との間で外交交渉を行えるようになったのである。

三　通商国家としての国際復帰

強運の人、吉田茂

国際環境と国内潮流の水を得た吉田は、二つの仕事に没頭する。経済復興と講和である。

経済復興については、ドッジの荒療治にまたがることから始まった。「日本経済は両足を地につけていない。竹馬に乗っているようなものだ。竹馬の片足は米国の援助、他方は国内的な補助金の機構である」というのが、ドッジの診断であった。この竹馬の足を切り、超緊縮予算を作るよう、ドッジは求めた。

日本の経済を建て直すためには、何でもかんでも予算を均衡させることが一番必要だと思う。予算を均衡させるためにはどうするか、金を使わぬという以外に方法がない。勿論、政府が十分金を使わなければ仕事が出来ないから、国民は困るにきまっている。然しあんなに惨めな敗戦をした国民が、困らないで立ち上れるわけがない。今、日本国民に一番必要なのは一言でいえば耐乏生活、今の日本政府や占領軍に一番必要なのは、国民に耐乏生活を押しつける勇気だ。

（宮澤喜一『東京―ワシントンの密談』）

まことに勇猛な人が現れたものである。GHQのもとで行ってきた保護と統制の経済では、インフレはやまなかった。どんなに価格統制を行っても、闇《やみ》価格というかたちで市場メカニズムが打ち破った。ドッジは市場メカニズムという厳しい現実に、日本経済をじかに置け、と言うのである。日本経済はショックを受けるであろう。しかし、それなしには永遠に自立できない、自前で風雨の中を歩いていけるようにはならない、という論法である。

J.M. ドッジ

吉田首相と池田《いけだ》勇人《はやと》蔵相は、これに乗ることにした。あえてする不況と大量の首切りのなかで、下山事件（一九四九年七月五日）、松川事件（八月十七日）などが勃発し、騒然たる社会情勢となる。はたして、経済のメカニズムが作動して、日本経済は本当に浮上するのか。理論的にいつかは浮上するとしても、それまで日本経済は生きながらえるのだろうか。超不況のなかで、政治社会的に政府が頓死《とんし》しないだろうか。

普通の政府ではもたないかもしれない。しかし、占領期は非常時権力の支配下にある。占領軍は政治的暴乱を許さないであろう。問題は経済である。経済的破綻は、絶対権力をもってしても救えない。超不景気政策による絶不況は、何ヵ月、何ヵ年続くのだろうか。「耐乏生活を押しつける勇気」を発動した場合、国民は何年耐えることができるのだろうか。あの一九二九年の、浜口内閣による勇気ある超緊縮政策を思い出すがよい。それは世界大恐慌に輪をかける結果となり、国民生活を絶望的状況に追い込み、浜口首相に対するテロを呼び、政党政治の死滅と軍部の時代を生み落とす契機となった。

吉田は強運の人であった。厳しい経済政策を始めて一年たったところで、突如、お隣の朝鮮半島で戦争が始まった。一九五〇年六月二十五日のことである。トルーマン大統領の決断でアメリカ政府はこれに介入し、国連軍が日本を拠点として出撃することになる。おびただしい軍需物資の注文が日本に殺到した。経済体質の改善を試みていたところへ、特需という機会を与えられ、日本経済は息を吹き返して伸び始めた。不景気は長期化せず、期せずして急速な経済復興が可能となった。

サンフランシスコ講和——自立とその代償

朝鮮戦争は日本経済を甦《よみがえ》らせる機会となっただけではない。アメリカから見て、日本列島の戦略的重要性が事実によって明らかとなった。この潜在的工業能力の豊かな重要地域を、間違っても共産陣営に奪われてはならない。自由陣営の仲間として育てねばならない。アメリカに反共意識が強ければ強いほど、日本を旧敵国としてではなく、味方として大事にする必要が生ずる。朝鮮戦争は日本に対する処罰的講和ではなく、配慮に満ちた、より対等な講和を求めることに、はずみを与える事件であった。

トルーマン大統領がダレスを対日講和問題に関する特使に任命したのは、朝鮮戦争前の五月十八日のことであった。それは、トルーマンなりの配慮であった。当時アメリカでは反共気運が強まっており、とくに野党共和党は、トルーマン民主党政権が共産主義に甘い対応をすれば、ヒステリックに攻撃する雰囲気であった。そんななかで、もし微妙な問題をかかえる対日講和問題が政争の具となれば、わけのわからない内容に暴走する危険があった。トルーマン大統領は、そのような危険を回避し、超党派で合理的な対日講和を進めるために、野党共和党の大物ダレスを、あえて自分の特使として選んだ。これは立派なリーダーシップといえる。

私は、アメリカ中西部の田舎町、ミズーリ州のインディペンデンスにあるトルーマン大統領図書館を訪れて、トルーマンにとって日本占領とは何であったかを、原文書によって確かめようとしたことがある。文書をたどってみても、トルーマンは日本をほとんど知らない。たいして関心もない。おそらく何の愛情も持っていない。自分で日本問題について、とうとうと論じたりすることはまったくない。決断すら自分で下すことは稀である。多くの場合、日本についてはだれかの意見を聞き、だれかに任せてしまう。

しかし、私が見るところ、最もよき人から聞き、最もよき人に任せているように思う。大戦末期にはグルーやスティムソン、そして占領政策転換についてはケナンを取り巻く人たち、講和についてはダレスである。日本人の間で彼らについての好き嫌いはあると思うが、日本問題を任された人々が、揃《そろ》って当時のアメリカが誇りうる一級の政治家たちであることは間違いない。

反共主義者ダレスのイメージは、日本ではあまりよいとはいえないが、彼は彼なりに歴史哲学を持った有能な実務家である。ダレス個人の資質以上に、超党派外交を可能にするため、信望ある野党代表者であり反共主義者としてのダレスを選んだことが、トルーマンの見識である。そういう立場のダレスがやることだから、というので議会も対日講和条約に寛容になるのである。この人事によって、トルーマン大統領は対日講和に政策的合理性を貫く政治条件を作ったと思う。トルーマンは、日本に関心も愛情もないように見えて、数少ない日本処理の機会に、いつもまっとうな対応をし、しかるべき人に委任する決断を下している。

講和特使となったダレスは、「ヴェルサイユの誤りを繰り返さないこと」を抱負として語っている。敵国への敵愾心《てきがいしん》に狂って処罰的な平和を強制する愚を再び行ってはならない。歴史は個人にめったに戦後処理の機会を与えない。そのような稀な機会を与えられた自分は、歴史上もっとも対等にして寛大で合理的な対日講和をまとめたい。ダレスなりにそのような使命感を抱いていた。

J.F. ダレス

第一次大戦後のドイツはヴェルサイユ講和を前に、まったく意見を聞いてもらえなかった。勝者が会議で合意したものを押しつけられた。だが、ダレスは日本を四回も訪れて、吉田首相をはじめ多くの日本人と会って、緊密に話し合いながら条約案を練り上げていく。第一回訪日が一九五〇年六月であり、その旅行中に朝鮮戦争が勃発した。そのことは、対等な講和を求めるダレスにとっても、吉田にとっても、悪い事件ではない。

しかし悪い面もあった。隣国での戦争という事態は、日本の独立どころではない、という気運をも生んだ。アメリカ軍部にとっては、日本の独立によって行動の自由を縛られてはかなわない。日本基地の自由使用のため、講和の先送りを主張したのである。その結果、ダレスは対日交渉と対連合国交渉以上に、アメリカでの対内交渉に多大のエネルギーを費やさねばならないことになった。

ダレスは執拗《しつよう》かつ旺盛に軍部と交渉し、トルーマン大統領の支持をとりつけて、講和を予定どおり行うことに成功する。軍事的便宜に拘泥《こうでい》し、日本国民の期待を裏切って独立を拒否すれば、日本国民は反米的になり、基地の自由使用どころではなくなるではないか。親米吉田政権の希望を容《い》れて、その指導力を強化した方が、大局的にアメリカの利益である、という論法である。ついでながら、この大局論による対日配慮は、ヴェトナム戦争下の沖縄返還に際しても、くり返される。このあたりは、アメリカが政府内の強い反対論を克服して政策決定をしていく立派な局面である。

もう一つ、朝鮮戦争が吉田に試練を課した。ダレスが強硬に日本の再軍備を要求することになったのである。ダレスは多くの点で寛大な対日講和案を用意した。しかし、再軍備要求と沖縄・小笠原の領土問題では、きわめて厳しかった。ダレスはアメリカ国内で意見調整をして、一九五一年一月から二月にかけて第二回の訪日を行う。この時が、日米間の講和交渉の頂点であった。予定どおりの早期講和について、アメリカ軍部と議会のタカ派の説得に成功したダレスであったが、その代わり日本の軍事的貢献と沖縄等の基地の自由使用のため施政権をアメリカが維持することについては、日本に言うことをきかせる、と保証せねばならなかったのである。なにしろ朝鮮戦争では中国義勇軍が参戦し（一九五〇年十月二十五日）、苦境に陥っている状況である。ダレスの吉田に対する要求は、まことに厳しかった。経済中心主義を追求する吉田に対して、朝鮮戦争は厳しい試練をも課したのである。

吉田は執拗に抵抗した。経済復興を先にしたい、日本経済は目下《もつか》再軍備に耐えない。日本国民は平和を望み、再び武器をとることを望まない。日ごろ、あまり世論に敬意を表しているようには見えない吉田であるが、ダレスに対しては平和主義的国民世論の尊重を求める。社会党指導者と話し合うことまで、吉田はダレスに求める。マッカーサーのところに連れだって挨拶《あいさつ》に行き、マッカーサーからダレスに説教してもらう。日本の周辺諸国が日本軍国主義復活を恐れていることも確かめるよう、吉田はダレスに求めた。

吉田があらゆる方法で抵抗した結果、ダレスは頭に来る。「吉田は特使の配慮が分かっていない」「吉田は特使の英語を理解しているのか」。こういった感情的ともいえる言葉が、ダレス周辺のアリソン（John M. Allison）公使らから、吉田側近の井口《いぐち》貞夫《さだお》次官や西村熊雄《にしむらくまお》条約局長に伝わってくる状態になった。本当に怒らせてしまっては元も子もなくなる。

吉田は、即時再軍備ではなく、用意していた長期的な再軍備案をダレスに提出する。時間をかけてアメリカのシビリアン・コントロール（文民統制）の方式を学びながら、将来、五万人の国防軍を作るというプランである。ダレス元来の期待から見れば、まことにささやかなものでしかなかったが、さんざんじらされたダレス側はこれで愁眉《しゅうび》を開く。これは建設的なプランであると了承した。吉田はなおもったいをつけて、これを絶対に秘密にしてほしいと申し入れて、同意を得た。

こうして吉田は、親米の立場を鮮明にして、その懐に飛び込みながら、アメリカに対してしたたかな交渉力を発揮した。長期的には再軍備の約束をしたが、急速な再軍備を拒否し、朝鮮派兵といった事態も回避した。大規模な再軍備も回避した。この交渉を通して、吉田は戦後日本に親米・軽軍備・通商国家の路線を樹立したといえよう。

一九五一年九月八日に調印されたサンフランシスコ講和条約と日米安全保障条約（旧安保条約）は、多くの問題を残し、代償を払いながらも、戦後日本を親米的な「通商国家」として国際復帰することを決定づけた。吉田は、イギリス外交に範を置く「商人的国際政治観」（高坂正尭）に基づいて、戦後日本に太く濃い一本の線を引いたのである。

吉田が払うことになった代償のうち最大のものは、サンフランシスコ条約がすべての旧交戦国との同時講和（全面講和）ではなく、冷戦下における東側陣営を除いた諸国との講和（片面講和、多数講和）にとどまったことであった。とりわけ中国問題については、アメリカ政府の強い要請によって、吉田は本意ならずも、台湾の国民党政府を中国の代表として扱うことを余儀なくされた。そのため、中華人民共和国との国交回復には長期間を要することになる。

また日米安保条約は、アメリカが日本の安全について責を負うかわり、日本がアメリカに基地を提供するという関係を基本としていた。しかし、アメリカ軍が日本国内の治安のためにも出動することを規定しており、かつ事前協議制度を欠いているなど、独立国相互間の条約としては異例の内容を含んでいた。これらの問題は、吉田以後に課題として残されることになった。

終章　通商国家
——その発展と試練

通商国家へ——船積みを待つ輸出用の自動車

明治帝国の死

明治維新以来、わずか七十七年で明治国家は滅んだ。ひと一人の寿命にあたる喜寿をもって、明治帝国は没したのである。早すぎたという感が深い。明治国家が初めから虚弱であり、低空飛行を続けた末に墜落したわけではない。むしろ明治以降の日本は、日の出の勢いで発展を遂げた。近代化に成功し、帝国として雄飛した。非力と虚弱さゆえに早く衰えたのではなく、元気であり、成功しすぎたがゆえに、道を踏み外したというべきであろう。

個人の場合にも集団の場合にも、成功はワナであり、大成功は大きなワナである。それは自負心を強め、謙虚さと注意深さを失わせる。成功をもたらした方式への安住を生み、新しい事態に対処するための、労苦に満ちた日々の自己変革を、うとましく感じるようになる。認識と制度の硬直化に陥りやすいのである。帝国主義的時代環境のなかで、明治期に軍事手段をもって危機を克服し、軍事帝国に成長した近代日本は、昭和初期の危機に際して、軍事をもてあそんで自滅した。明治帝国は、その強さに滅んだと言えよう。

個人の場合にも集団の場合にも、失敗は打撃であるが、同時に反省とやり直しの機会ともなる。大失敗は根本的反省とゼロからの再出発の機会たりうる。もちろん条件はある。まず、大失敗が再生不能の致命傷には至らないことである。それ以上に重要なことは、人々の学習と向上を求める活力が失われないことである。それに加えて、環境面の幸運に恵まれるか否かが、欠かせない要素であろう。

敗戦日本が受けた打撃は、致命傷に近いと、当時の内外の人々は思った。主要都市はほとんど廃墟《はいきょ》と化しており、生産活動は激減し、もっとも元気な層を中心に三百五十万もの生命が、散り急ぐ桜の花さながらに失われた。しかし、裏から言えば、おびただしい犠牲も、七千万のうちの三百五十万であり、五パーセントであった。九五パーセントが健在であり、この生き残った人々に活力があり向上心がある限り、再生は不可能ではなかった。よき人的資源さえ健在であれば、旧制度と旧設備の破壊は、活力をより効果的に活《い》かす社会を築くチャンスともなりうる。明治国家は死滅しても、民族社会は生きながらえる条件を許されていた。

「一億総懺悔」と再生の方向

敗戦後の日本では、「一億総懺悔《ざんげ》」という言葉が流行した。毎日の生活が処罰そのものであり、家もなく食べものもないなかで、人々はその日の生存のための戦いに明け暮れていた。そのなかでも人々は、問わずにはいられなかった。一体、何が間違いだったのか。何を「懺悔」すればいいのか。それは戦後の日本が、どう生きればいいか、という問題と表裏をなしていた。東京裁判（極東国際軍事裁判、一九四六年五月―四八年十一月）は、戦争指導者たちの無分別な粗暴さを摘発し、「大東亜共栄圏」や「八紘一宇《はっこういちう》」といった壮大な目的の虚構性を暴露した。悪いのは、軍国主義や超国家主義の指導者である、と多くの人々が同意した。非軍事化が進行するなかで、戦時体制に協力し役職についていた多くの人々が追放され、あの時代の風潮に乗り過ぎた者にも責任があったように感じられた。

東京裁判で責任を問われなかった天皇はどうなのか。当時の圧倒的多数の日本人は、天皇に深い敬愛の念を抱き、天皇の運命を日本社会全体の運命と同一視していた。それゆえ、天皇が外部の支配者によって処罰されなかったことに安堵《あんど》の胸をなでおろし、そのことに勝者の「日本人」に対する配慮を感じとった人が多かった。しかし、天皇の名においてなされた戦争と、天皇の名において奪われた身近な人の生命に、割り切れない思いを残す人もまた存在した。

一般国民はどうなのか。一致協力して勤勉に働く国民性に恵まれた日本人は、悪しき方向づけが与えられた場合にも、軍団の一員として有能に働いてしまう。その弊を目のあたりに見て、学者・知識人は、一方でめざめ自立した個人の確立の必要性を説き、他方で天皇制国家やファシズム体制など、旧社会の非人間的なメカニズムを、さまざまな用語を用いて糾弾《きゅうだん》した。そうして議論は、「民主主義」こそがあるべき社会である、という点で一致していた。

多くの国民は、自分自身の責任についても、ふつうの人々の責任についても、確たる解答を持たなかった。具体的にどの行為に責任があったのか、判断がつきかねた。しかし、みんなでエラいことをしでかし、こんなヒドい結果になった以上、みんなが反省する必要がある。そのような日本的あいまいさのなかで、「一億総懺悔」という言葉が流通した。それは一人一人の責任を、筋を通して糾明するためのスローガンではなく、だれの責任をも具体的に問わないようにする心理的機能を担う言葉であった。

過去に対する糾明はぼかし得ても、未来についての方向づけは避けて通れない。結局のところ、事態からの反省と学習のほどは、新日本の建設をめぐって示されるであろう。新日本のあり方についてのさまざまな構想や措置に対する支持表明や拒絶反応として、過去の体験についての国民的評価が表される。歴史的に言っても、旧指導者の処刑や追放の程度以上に、新しい政治路線の形成が長期的重要性を持つ。

小津安二郎《おづやすじろう》の映画に、一再ならずこんな場面があったと記憶する。パチンコ屋のような庶民的な場で、思いもかけず、かつて南方の戦地で生死を共にした戦友が出会う。二人は酒をくみかわし、軍歌を歌い、あの極限状況で戦った日々をなつかしむ。あそこには全身全霊をかけた目的があった。生命を賭《と》しての友情があった。人間が持ちうる究極の感慨があった。彼らは戦時の生活を真実とし、復員後の壊れた街での平時生活を空しい虚の世界と感じているのか。笠智衆《りゅうちしゅう》扮する戦友の一人が、脈絡もなくポツンと言う。「もう戦争だけはごめんだな。戦争はいかんよ」

この情景は、戦後日本の生活レベルでの実感を言い当てているのではなかろうか。国家の自決権と威信をかけた世界政策がどんなに重要な民族の背骨であれ、個々の戦士たちにとって戦いの日々がどんなに感慨に満ちたものであれ、数多くの身内や知友の犠牲、そして全国民の悲惨な境遇を正当化できるものではなかった。「戦争はいかんよ」の一言は、理屈を超えて、あの時代の体験からにじみ出た国民感情であったと言えよう。

そうであればこそ、占領者の非軍事化政策が日本国民に受けいれられ、定着したのである。のみならず、それは戦後日本の政治路線をも枠づけることになった。戦争の時代に窒息させられていた民主主義的な諸価値とともに、平和主義は、いわば国民的原体験からの要請となったのである。勝者の強制を直接の契機としながらも、非軍事化と民主化を自らの政治路線として選び得たのは、この日本人の国民体験を抜きに考えられない。体験したことの意味を、日本人が納得し、現実性のある政治路線として定着させるには、少なくとも六〇年安保を越えるまでの十五年を要した。それまでの間、日本政治は大別して、三つの路線を尋ね歩いたと言えよう。

戦後日本の三つの政治路線

戦後日本が置かれた状況から選択可能であり、実際に提起された政治路線は、大別すれば、(a)社会民主主義の路線、(b)経済中心主義の路線、(c)伝統的国家主義の路線、の三つである。三者を簡潔に概観しておこう。

(a)**社会民主主義路線**　戦争の時代に対する反省を最も純度高く反映する、「平和と民主主義」の路線である。この立場を代表する社会党は、「非武装中立」が平和維持のために不可欠であると主張し、再軍備と日米安保条約に反対した。それは軍国主義時代に対する徹底した批判と反省に基づいており、また、その左翼的革新主義の立場は、戦争期の右翼的国家革新主義に対するアンチテーゼであった。

社会党は、新憲法と労働改革によって社会の正統な構成要素としての地位を保証された、労働組合を中心基盤とした。社会党左派にはマルクス主義的ドグマが根強い影響力を持ったが、党全体としては平和と民主主義を求める進歩的立場の人々から広く支持を受けた。

一九四七年（昭和二十二）四月の総選挙で社会党は第一党となり、GHQ民政局の祝福を受けて、党首片山哲を首班とする連立内閣を樹立した。それは戦後日本史がこの政治路線の扉をノックした瞬間であった。しかし、社会党内と保革連合政権内の対立を調整しつつ、政治指導力を発揮して、改革と経済運営の双方の課題をこなすことは、至難の業であった。いかなる政党にとっても当時の状況は容易ではなかったであろう。とりわけ、政治運動の経験はあっても、政治運営の経験を持たない社会党指導層にとって、それは困難であった。

この機会を活かして、戦後日本政治の主流となることに失敗した社会党は、以後長きにわたって傍流の地位に甘んじることになる。戦後史において社会党は、初期占領改革の中心成果である新憲法を擁護して「非武装中立」を唱え、占領政策転換以後のアメリカ極東戦略と結びついた片面講和や安保条約を批判して、反米ナショナリズムを代表することになる。親米保守政権の外交と再軍備政策のみならず、資本主義経済の発展を基軸とする保守政権の内政をも、社会的平等の観点から厳しく批判した。

つまり野《や》に下ってからの社会党は、西欧社会主義政党に見られるような、政権政党への発展を遂げることには失敗した。社会民主主義に立ちながら全体的政策代案を示して、政権への返り咲きを計る国民政党化の道を求めなかった。もっぱら労働組合を基盤としつつ、保守政治の「危険な反動化」の阻止を主眼とする批判政党として機能することになる。一九六〇年に右派社会党の一部が民社党として分立したことによって、かつ六〇年安保闘争が期待以上に大変な盛り上がりを収めたことによって、社会党はかえってその傾向から脱却するのに長い時間を要することになった。

(b)経済中心主義路線　保守陣営の政治路線は二つに分けることができる。吉田茂を中心とするこの経済中心主義と、よりナショナリスティックな伝統的国家主義の路線である。吉田は、彼なりに軍国主義時代への批判を持っていた。吉田の大局観からすれば、軍事立国主義はまことに歪《ゆが》んだものであった。「軍事力には二次的な地位しか与えなかったし、逆に軍事力を否定しようともしなかった」（高坂正堯『宰相吉田茂』）のが、吉田の基本的スタンスであり、それから見れば、あの時代は軍事に狂って政治と外交を見失った時代であった。

それゆえ、非軍事化は吉田の受けいれるところであった。たしかに彼は、より平和的な外交とより民主的な政治を望んだ。しかし、非軍事化はしょせんネガティブな概念である。それは、いわば「日本は二度と他国に脅威を与えたりはしません」と書かれた名刺であり、それを出せば外国はいちおう安心してくれるだろう。しかし名刺交換がすむと、中味の話を始めねばならない。その際には、「非軍事化」を呪文《じゅもん》のようにくり返しているわけにはいかない。豊富な積極的内容が必要となる。「非武装中立」平和主義の理念をもって、日本の積極的な役割は説明できないし、「民主国家」「文化国家」の理念によって生計を立てることもできない。国民生活を支え、かつ国際政治における存立の源泉として、経済再建という事実を優先するのが、吉田の立場であった。非軍事化という過去の破壊が、経済復興というポジティブな建設に裏打ちされねば、戦後日本は再び空虚な精神主義に陥ると見ていた。そうした観点から吉田は、対米交渉を通じて、戦後日本を自由民主主義の政治と自由貿易体制の圏内に属する軽軍備の通商国家として再興する筋道を敷いたのである。

この経済中心主義は、独立後にナショナリズムが高まるなかで、一時後退するかに見えた。しかしこの路線は、「戦争だけはごめんだ」という戦後日本国民が許容する範囲内で、よりよい生活を築いていくおそらく唯一の道であったし、戦後の国際環境にも適合的な生き方であった。それゆえ、六〇年安保を経て、吉田学校の教え子である池田勇人や佐藤栄作《さとうえいさく》によって、この路線は戦後日本の政治外交に定着させられることになる。高度成長の六〇年代、危機の七〇年代を経て、国際的役割の再定義を迫られた八〇年代にも、日本社会はこの路線の枠内に踏み留まっていたと言えよう。

(c)伝統的国家主義路線　主権国家とは国内を統治し、外敵を排除しうるパワーである、という伝統的定義を継承する立場である。戦後日本も独立国たらんとする以上、力を持たねばならず、力とは究極的には軍事力であると考える。それなら、あの戦争の時代への批判は皆無かと言えば、敗戦を招くような政治外交の愚は批判する。やるなら勝つようにせねばならない、との教訓を得たわけである。

独立後の日本には、当然ながらナショナリズムの気運が高まり、自立の条件を模索することになった。加えて、長かった吉田政治への反発が強まった。吉田政治の、親米主義と事実上の再軍備に対し、革新陣営は激しく反発した。「非武装平和」と「なしくずし的憲法改悪反対」を唱え、〝米帝国主義〟に追随する保守政権を批判した。反米・反保守政権ナショナリズムであったと言えよう。

鳩山一郎

他方、保守陣営内部では、反吉田感情が憲法第九条を残したままの再軍備と経済中心主義に対する反対として表明された。一九五五年の保守合同に際し

岸　信介

ては、憲法改正が綱領として書き込まれた。鳩山一郎首相は、吉田のような「まやかし的再軍備」ではなく、すっきりと「改憲再軍備」することを説き、それを可能にする手立てとして小選挙区制をも提案した。鳩山は一九五六年の日ソ国交回復によって外交的地平を拡大し、高まるナショナリズムに一つの答えを与えた。しかし、「改憲再軍備」は革新陣営の激しい反対を招いたのみならず、「戦争はいかんよ」という国民感情からの拒絶反応をも招いた。

伝統的国家主義者とて戦争を望んだわけではない。親米主義を否定したわけでもない。ただ自立心を強調し、自立の条件を求めたまでである。それでも戦争の時代を生々しく記憶する当時の人々は、それが「戦争への道」につらなるのではないかと危《き》惧《ぐ》した。

その点は、岸信介《きしのぶすけ》の時代にも同じであった。岸首相は、講和条約とともに調印された旧安保条約の不備を改め、より対等な日米協調関係の根幹としての新安保条約を結ぼうと考えた。また、警職法（警察官職務執行法）を改めて、国内統治権力を強化しようとした。双方とも独立国家の条件を模索する政治であったと言えよう。しかし、革新陣営からすれば、警察権力の再強化は危険な「いつか来た道」であったし、アメリカとの安全保障面での提携強化は反米ナショナリズムに対する真っ向からの挑戦であった。岸首相の経歴と政治手法に対する反発もあって、革新陣営の反対運動はマスコミ世論の支持を受け、大きな広がりを見せた。岸首相は警職法改正を撤回せざるを得なくなった。新安保条約については、一九六〇年五月十九日に体を張って成立させたものの、反対闘争の「内乱前夜」を思わせるほどの高まりのなかで、岸内閣は総辞職を余儀なくされた（七月十五日）。

分極化する政治――保革対決の時代

一九五五年に左右の社会党が統一され、ついで保守合同によって自民党が生まれた。それ以後一九六〇年までの日本政治は、吉田の経済主義的な保守政治路線に対し、両側からの批判勢力が強まった政治主義の時期であった。ナショナリズムが高まるなかで、保守はますます右に傾き、それに対して革新はますます左に傾いて、保革の対決政治を生み出すことになった。日本の政治は中道と妥協を知らぬ「分極化の政治」(Divided Politics) である、と外国人に評された時代である。五五年体制の原初形態は、このような保革二大政党の対決をもって彩られることになった。

「平和と民主主義」を奉ずる革新勢力と、独立国家としての権力構造を確立せんとする伝統的国家主義の勢力は、五〇年代後半に激しくぶつかり合い、いわば総力戦を敢行した。どちらが勝利したか。どちらも一定の成果をあげ、どちらも傷ついた。傷み分けであった。革新の側からすれば、反対運動の空前の盛り上がりをかち得、岸内閣の命脈を絶ったが、それをもってしても新安保条約は阻止できなかった。保守の側からすれば、安保条約という根幹は通し得たものの、それ以外の政治課題はすべて放置せざるを得なくなり、かつ一政権の首を差し出さねばならなかった。

経済主義への回帰

では、だれが勝利したのか。経済中心主義の路線であった。岸内閣が倒れたあと、六〇年七月に政権を継いだ池田勇人首相は、大平正芳《おおひらまさよし》や宮澤喜一《みやざわきいち》の助言を容《い》れて、「寛容と忍耐」をスローガンに掲げた。自民党が国会の多数を制していても、野党が本気で反対する政策は行わず、世論を尊重する、という政治的「低姿勢」を採った。安保の傷を癒《いや》して、与野党の合意のもとで政治を運営しようとしたのである。政治面では「低姿勢」であったが、経済面で池田は積極的にリーダーシップを発揮した。「所得倍増論」という国民生活の向上をスローガンとして、幅広い国民的共感を得た。野党はこの政策目標を批判しようとしたが、これはだれをも敵にしない目標であり、多くの国民が本当であればいいが、と願う性格の提案であった。

こうして池田内閣の登場とともに、「内乱前夜」のささくれ立った政治対決の季節は、嘘のように消え去り、コンセンサスの政治が浮上した。

そのことは、革新陣営よりも保守陣営が安保の教訓に学んだことを意味した。保守勢力のゆるやかな大連合である自民党内には、さまざまな政策的力点とスタイルを持つ指導者がいる。一つの方針で行き詰まると、対照的な政治手法をとる者に切り換えて、事態を打開し国民の期待をつなぎとめるのが、自民党の得意芸である。こうした多様性のなかで、自民党は安保の教訓を受けとめて、政治主義による対決から経済主義によるコンセンサスへと軌道修正し得た。

池田勇人

社会党はこの新しい風のなかで、国民的課題に取り組むイデオロギー対立以後の政党への脱皮に成功しなかった。江田《えだ》三郎《さぶろう》らがそれを試みたが、党内の大勢は原理主義的批判を加えて、この新しい動きを封じた。

より長期的な観点から言えば、以上の経緯は、戦後日本政治が五〇年代後半の政治的試練を経て、吉田の設定した軽軍備・経済中心主義の路線に回帰したことを意味する。池田は国民生活の改善を計ることに内政の主眼を置き、対外的には自由貿易体制下で輸出環境を整備することによって、通商国家の路線を安定させた。

われわれは、帝国として死滅した日本が、戦後どのような生き方を求めたかを振り返ってきた。日米戦争の終わり方とアメリカの対日占領政策が、戦後日本政治の大枠を設定した。非軍事化と民主化を軸とする占領政策は、勝者の敗者に対する強制としてスタートした。しかし、日本自体のうちに双方の方針を歓迎する歴史的素地があったことに加えて、日本側の敗者のマナーとしての協力姿勢が、占領下の諸改革を、外力による強制というよりは、日米共同事業として行うことを可能にした。

最高権力を握ったGHQが日本政府にいやがる改革を強いる、という事態はもとより稀《まれ》ではなかったが、他方、日本政府が自らの好む方向にGHQを誘導するという局面もあった。とりわけ吉田茂は、親米主義を明らかにしつつ、アメリカに対するかなりの交渉力を示した。アメリカ政府がもはや日本の非軍事化を望まなくなった朝鮮戦争勃《ぼっ》発《ぱつ》後の事態において、吉田は講和交渉を通して軽軍備・経済中心主義の政治路線を守ることに成功した。

この路線は、独立後五〇年代後半のナショナリズムの高まりのなかで後退するかに見えたが、六〇年安保の危機を越えて、戦後日本の国内政治と国際環境の双方にわたって妥当な路線であることが明らかとなった。戦後日本とは、通商国家であり、その方向が明らかになった一九六〇年代初めをもって、本書を終えたいと思う。

原本あとがき

本書は、戦後日本のおいたちを語ろうとするものである。

戦後日本はどのように生まれ育ったのか。「戦後」と呼ばれる時代をあとにして、歴史が新たな局面に突き進もうとする現在、ますます戦後日本の位置とかたちを確かめておきたいと感じるのは、筆者一人であろうか。

戦後日本は、一面において日米戦争の産物である。太平洋戦争における敗北と連合国による占領という異常事態のなかで、戦後日本は生まれ落ちた。アメリカを中心とする勝者が、戦後日本の輪郭を外から決定した。勝者が外から線引きしただけでなく、外的要因が日本社会の隅々まで内在化された点で、戦後日本の誕生期はまことに異常であった。

では、「国際環境」が日本国内の最高権力を掌握したこの時期、日本の自主性や独自性は存在しなかったのであろうか。私見によれば、必ずしもそうではない。異常事態への対応の仕方は、まことに日本人らしいものであった。少なくとも日本の一つの伝統にのっとった対応の型であったと思われる。

　大化の改新にせよ、明治の近代化にせよ、日本史の画期的な躍進期とみなされる時代は、つねに国際化の波をかぶった瞬間であった。中国文明や西洋文明から旺盛に学習しつつ、自己革新をとげた時代であった。一方で排外主義にも通じる強い民族的プライドを持ちながらも、外部世界によきものがあると知る時、とりつかれたようにそれを学習し、さらにはそれをテコに自己革新をとげることができる――それこそが日本社会の誇りうる優れた資質ではなかろうか。

「日本の独自性《アイデンティティ》」を狭くとらえて、外の影響を受ける前の日本固有の特質を求め、それに立ち帰ろうとすることほど、日本の文化的伝統を貧弱にする試みは、他に存在しない。国際化と日本的伝統を対立概念ととらえ、一方を追求すれば他方は失われると想定するのは、みずからの歴史を知らぬ者の短見である。より広き価値にみずからを没して、それをみずからの文明とする日本人の気風と活力こそが、日本史を豊かにし、誇るに足る発展をもたらしてきたのである。

　占領期は、外部文明に開いて自己革新をとげたもう一つの歴史的瞬間であり、その激烈な形態にほかならない。占領者に対して日本人は概して協力的であり、非軍事化と民主化を軸とする占領政策を日本政府はみずから実施した。それは、敗者の宿命であり、保身の術であったかもしれない。

しかし、非軍事化と民主化が日本自身にとって良きことであると解して協力した面も、無視しがたい。そうした局面に注目するなら、柔道の技のように、相手の力に押されて倒れながら、その力を利用して投げとばす型、いかなる最高権力にも有能に仕えながら実質的かつ長期的に影響力を保持する官僚的対応などを、占領下における日本の対応のイメージとすることもできよう。より洗練されたモデルとして、外部文明を迎え入れつつ、その力の秘密を学びとって長期的に克服するトインビーの「ヘロデ主義」や、ヘーゲルの主人と奴隷の弁証法を想起したことは、本文に見るとおりである。

戦後日本は、勝者の強制をみずからの資産とした。非軍事化と民主化を象徴する新憲法は、修正されるよりは定着を長期的趨勢《すうせい》としている。戦後日本社会は、左に新憲法が指し示したものの徹底を要求する社会民主主義の路線と、右に保守内部の伝統的国家主義の路線を、内に併せ持ってきた。しかし、戦後政治の主流を構成したのは、経済生活の実質を築くことを優先する吉田茂の路線であった。

吉田の路線は、アメリカが主宰する国際的自由貿易体制の恩恵の享受、安全保障の対米依存と軽軍備、自由民主主義的政治文化の受容、を可能にするパッケージであった。戦後日本は、良くも悪しくも、この路線のもとで、軽軍備・通商国家として発展することになる。

それは、消極的にいえば、戦後日本出生の事情への適合性ゆえに、積極的にいえば、ヒロシマ・ナガサキ以後の戦後国際政治状況への適合性ゆえに、評価できる生き方であったといえよう。

しかし、本書の範囲を超える問題であろうが、人も社会も、何ものかを手にするなかで、何かを失うことを避けることはできない。軽軍備・通商国家として豊かな果実を手にした戦後日本であるが、何か大事なものが欠けているように思われる。そして、ひとたび帝国主義時代の山から転落したあと、再び、こんどは経済主義の山を一歩一歩登りつめて尾根筋に立った現在、「足りない何か」はいっそう切実に感じられる。

足りないのは、軍事力というハードではない。尾根筋に立った者に求められる大局的展望能力と、それに基づいて決断する者にただよう風格とでもいうべきものであろうか。身をひそめて経済の実を手にする慣性のなかで、われわれは、他国民と世界の運命に共感を持って行動する苦痛と誇りを、見失い過ぎたのではなかろうか。

戦後日本のおいたちをテーマとする、本書のおいたちについても言及しておきたい。

筆者は歴史研究者として、原資料に基づく詳細の実証と、系統立った解釈による全体像の提示という、正反対の方向性を持つ課題にとりつかれている。本書は、どちらかといえば後者に傾斜した作品である。それは出生の事情による。

故桑原武夫《くわばらたけお》氏が所長をしておられた京都市社会教育総合センターにおいて、筆者は一九八七年十月十三日から十一月十七日まで、「アメリカ占領政策と戦後日本」と題する四回の市民講座を担当した。専門家ではないが知的好奇心に富む聴衆に語る時、解釈と捨象をあえてしながら、理解可能な歴史的説明を試みるのは当然であろう。

大阪書籍出版部の青海泰司氏は、この講座をもとに一書を作る希望を示された。筆者としては、かつて『米国の日本占領政策』という二巻の実証研究を著したあと、占領実施過程についても本格的な研究をまとめたいと思ってきた。アメリカの占領政策と戦後日本の形成を併せ論ずる本書のような出版は、そのあとではないか、と正直なところ逡巡《しゅんじゅん》した。

それを乗り越えさせたことには、主として青海氏に責任があろう。氏は講座を行ったセンターの高橋徹夫事業課長の了承を得て、筆者をくどきにかかった。本書は、

「こうしたテーマで一度本を作りたかったんです」という氏の情熱が生み出した作品にほかならない。

そして、やるとなれば書き言葉に凝るのが筆者の不幸な性癖である。講座の構成や語り言葉の持ち味を活かしたいとは思いながらも、資料的根拠も可能な限り示して加筆し、全体的にほぼ書き下ろし同然に改める結果になってしまった。

青海氏とともに謝辞を呈したいのは、双方の家族に対してである。今年は神戸大学以外にいくつかの大学に兼務していたこともあって、私は非人間的なほどに多忙であった。孫のような末娘の誕生に沸き立つわが家にもゆっくりしておれず、本書の作業は容易に進まなかった。「このうえ御家族から引き離して申し訳ありませんが」といいながら、氏は私を一泊二日でホテルに監禁した。それが四回繰り返されて、ようやく本書を完成することができた。家族の「寛容と忍耐」に支えられたのは、監禁した側も同様であろうと思う。氏は、家族旅行先から車を飛ばしてホテルに駆けつけられたこともあった。

本書の完成が近づいたこの十月上旬に、予想もしないお二人の不幸にあった。個人的によき先輩であり、学術研究の発展に情熱を注いでこられた文部省の砂子田忠孝課長と、地球時代の理念をその研究を通して訴え続けた国際政治学者、大阪大学の馬場伸也教授である。一途に生き、余りに早く去ったお二人に、本書を差し上げ、コメントをいただけないのは無念である。今はただ、残された御家族と教え子たちの多幸を祈りたい。

一九八九年十月二十九日　西宮市甲陽園にて

五百旗頭　真

学術文庫版へのあとがき

私にとって、歴史研究者としての青春時代は、ワシントンD．C．の公文書館をはじめ各地の図書館を訪ねて原資料を集めるとともに、まだ存命であった関係者を訪ねてオーラル・ヒストリーを集積した七〇年代から八〇年代にかけての日々であった。そこで私は戦後日本誕生の秘密、とりわけその国際要因を知ることができた。アメリカが一方の腕で対日戦争を完遂しつつ、他方の手でペンをとり「真珠湾」の翌年から三年もかけて戦後日本再建の見取り図を書きあげた歴史の偉業に、私は夢中になった(対日占領政策が偉業であったことは、二〇〇三年のイラク戦争後における占領政策の貧弱さと、それゆえの悲劇的事態を目の当たりにして、それとの対比において改めて浮き彫りになったといえよう)。八〇年代に出版した『米国の日本占領政策』二巻がその成果であったが、米国の占領政策が戦後日本史にどのような意味を持ったかを鳥瞰しようとしたのが本書である。米国の占領政策を日本はどう受けとめたか。それを通して戦後日本はどう変わったか。そのインパクトはどこまで及んだか。これらにつき、詳細かつ厳密に実証するというよりも、伸びやかに戦後日本のかたちを綴ることを趣旨とする出版であった。

本書の原本は冷戦終結前夜に書かれ、出版された時には冷戦終結と冷戦後の動乱が進行する事態となった。私は本書を書いたあと、一九九〇年三月からロンドン大学で十ヵ月間、研究生活を過ごしたが、東西ドイツの統一や湾岸危機、サッチャー政権の終幕などを身近に見ることになった。そのような冷戦という、戦後を長く支配した制度が崩壊して、歴史が新たな旅路につこうとする時、人々は逆に来し方について、自らのルーツについて、かえって気にかかるものかもしれない。戦後日本の生まれとかたちを語る本書は、思いのほか広く読まれ、また吉田茂賞を受賞した。審査にあたられた外交史料の神様である栗原健氏が、私に代わって授賞式に出席した原本の編集者・青海泰司氏に、審査のために色とりどりのペンで線を引き、書き入れをした本書を、記念にといってお返しくださった。その一字一句にわたる綿密な読みぶりと書き入れを後に拝して、私はつくづくと本書は幸せ者だと思った。このたび、講談社学術文庫として復刊する機会を与えられた本書の幸せ者ぶりは、今も続いているようである。

もう一つ、著者も驚いた本書の運命について付け加えることをお許しいただきたいと思う。二〇〇二年二月、私は小泉純一郎首相の求めにより初めてお目にかかったが、その冒頭、首相は本書を読んだと言われた。「真珠湾」後、速やかに米国が対日占領政策の検討を開始したことに首相は印象づけられ、そのことを二〇〇一年秋のAPECサミットの際、ブッシュ大統領とパウエル国務長官に話したという。第二次大戦期に米国がよい仕事をしたことを称えつつ、今、アフガニスタン戦争が始まったが、このたびは日米共同でアフガンの戦後復興に速やかに着手することを提案したところ、大統領は即座に同意した。それが緒方貞子氏を共同議長とする東京でのアフガン復興支援会議（二〇〇二年一月）の起源の一つになったということであった。このように想像もしない使われ方もされている本書である。

冷戦後の十数年を経て、本書を再刊するとすれば、著者があれこれ手を入れたくなるのは人情であろう。だが、それをやりすぎれば、別の本を書くことになりかねない。「再刊」である以上、加筆修正は最小限に留めた。必要な訂正は行ったが、加筆は控えたというのが正確であろう。

手を加えたのは、その後の研究の発展によって、認識が古くなったり誤りになった個所である。一つは、日米開戦前の一九四一年九月六日の御前会議において、天皇が異例の対米戦争反対の発言をしたことを十月下旬に駐日グルー米大使にリークした者がいた。原本において、私はそれを吉田茂であろうと想定した。その後の資料調査によって、そうではなく、樺山愛輔が情報提供者であり、それは東郷茂徳外相の意を受けてのものであることが判明した。これについて、須藤真志、服部聡の両氏の御教示に感謝したい。

もう一つは、米国政府が日本の外交暗号を解読していたことは古くから有名であるが、日本政府も陸海軍・外務省が協力して、米国、英国、カナダ、中国などの外交暗号を解読し、政策決定に利用していたことが、簑原俊洋氏らの調査研究によって明らかとなった。となれば、ハル・ノートに至る日米間のやりとりはいささかニュアンスの異なったものとして理解される可能性がある。その点をこのたび加えた。

その他は、原本において「今日では」としていたのを「八〇年代後半には」と改めた類の字句修正である。

学術文庫出版部の相澤耕一氏による原本の発掘と、布宮慈子氏の綿密な編集がなければ、本書が再刊の栄に浴することはなかったであろう。記して謝したい。

二〇〇五年三月二十五日

五百旗頭　真

参考文献

○著書・公刊資料集（現在、復刻・再刊中のものを括弧内に示した）

五百旗頭真『米国の日本占領政策——戦後日本の設計図』上・下、中央公論社、一九八五年

五百旗頭真『日本政治外交史』日本放送出版協会、一九八五年

五百旗頭真『占領期——首相たちの新日本』（「20世紀の日本」3）読売新聞社、一九九七年

五百旗頭真『戦争・占領・講和1941〜1955』（「日本の近代」6）中央公論新社、二〇〇一年

五百旗頭真編『戦後日本外交史』有斐閣、一九九九年

石川真澄『戦後政治構造史』日本評論社、一九七八年

伊藤隆『十五年戦争』（「日本の歴史」30）小学館、一九七六年

伊藤隆・渡辺行男編『重光葵手記』中央公論社、一九八六年

猪木正道『評伝 吉田茂』上・中・下、読売新聞社、一九七八—八一年（ちくま学芸文庫、一九九五年）

江藤淳監修、栗原健・波多野澄雄編『終戦工作の記録』上・下、講談社文庫、一九八六年

江藤淳編、波多野澄雄解題『占領史録』1—4、講談社、一九八一—八二年（講談社学術文庫、一九八九年）

外務省編、江藤淳解題『終戦史録』一—六、北洋社、一九七七—七八年

木戸日記研究会編『木戸幸一日記』上・下、東京大学出版会、一九六六年

J・C・グルー、石川欣一訳『滞日十年』上・下、毎日新聞社、一九四八年

高坂正堯『宰相 吉田茂』中公叢書、一九六八年（『高坂正堯著作集』第四巻、都市出版、二〇〇〇年）

高坂正堯『一億の日本人』（「大世界史」26）文藝春秋、一九六九年（『高坂正堯著作集』第八巻、都市出版、二〇〇〇年）

小堀桂一郎『宰相 鈴木貫太郎』文藝春秋、一九八二年（文春文庫、一九八七年）
迫水久常『機関銃下の首相官邸』恒文社、一九六四年
参謀本部編『杉山メモ』上、原書房、一九六七年
下村海南『終戦秘史』講談社、一九五〇年（講談社学術文庫、一九八五年）
週刊新潮編集部『マッカーサーの日本』新潮社、一九七〇年（上・下、新潮文庫、一九八三年）
鈴木昭典『日本国憲法を生んだ密室の九日間』創元社、一九九五年
『鈴木貫太郎伝』鈴木貫太郎伝記編纂委員会、一九六〇年
鈴木一編『鈴木貫太郎自伝』時事通信社、一九六八年
住本利男『占領秘録』上・下、毎日新聞社、一九五二年（中公文庫、一九八八年）
袖井林二郎『マッカーサーの二千日』中央公論社、一九七四年（中公文庫、一九七六年）
高柳賢三・大友一郎・田中英夫編著『日本国憲法制定の過程』I、有斐閣、一九七二年
竹前栄治『日本占領――GHQ高官の証言』中央公論社、一九八八年
田中寛次郎編『近衛文麿手記――平和への努力』日本電報通信社、一九四六年
田中英夫『憲法制定過程覚え書』有斐閣、一九七九年
東郷茂徳『時代の一面』改造社、一九五二年（中公文庫、一九八九年）
日本国際政治学会編『太平洋戦争への道』別巻「資料編」朝日新聞社、一九六三年（新装版、一九八八年）
秦郁彦『アメリカの対日占領政策』（「昭和財政史」3）東洋経済新報社、一九七六年
平川祐弘『平和の海と戦いの海』新潮社、一九八三年（講談社学術文庫、一九九三年）
福永文男『占領下中道政権の形成と崩壊』岩波書店、一九九七年
藤田尚徳『侍従長の回想』講談社、一九六一年（中公文庫、一九八七年）

防衛庁防衛研修所戦史室『大本營陸軍部』2、朝雲新聞社、一九六八年
ヒュー・ボートン、五味俊樹訳『戦後日本の設計者――ボートン回想録』朝日新聞社、一九九八年
細谷千博『サンフランシスコ講和への道』中央公論社、一九八四年
増田弘『公職追放』東京大学出版会、一九九六年
升味準之輔『戦後政治』上・下、東京大学出版会、一九八三年
宮澤喜一『東京―ワシントンの密談』実業之日本社、一九五六年（中公文庫、一九九九年）
吉田茂『回想十年』1―4、新潮社、一九五七―五八年（中公文庫、一九九八年）
李炯喆『軍部の昭和史』上・下、日本放送出版協会、一九八七年
若槻禮次郎『古風庵回顧録――明治・大正・昭和政界秘史』読売新聞社、一九五〇年（講談社学術文庫『明治・大正・昭和政界秘史――古風庵回顧録』、一九八三年）
渡辺昭夫・宮里政玄編『サンフランシスコ講和』東京大学出版会、一九八六年

○論　文

五百旗頭真「破局からの教訓――日米関係への警鐘」（『季刊アステイオン』創刊号、一九八六年）
五百旗頭真「スチムソン――日米関係の昭和を決めた男」（『季刊アステイオン』一九八九年冬号）

○未公刊資料

米国国立公文書館（National Archives）所蔵文書、ワシントンD. C.（米国政府・軍部の諸文書はほとんどここに所蔵）
トルーマン大統領図書館所蔵文書、ミズーリ州インディペンデンス

グルー文書、ハーバード大学図書館

スティムソン文書、エール大学図書館

コロンビア大学オーラル・ヒストリー、コロンビア大学図書館（ドーマン、バランタインらへのインタビュー）

マッカーサー記念館所蔵文書、ヴァージニア州ノーフォーク

ＧＨＱ／ＳＣＡＰ文書、東京の国立国会図書館現代史資料室（米国国立公文書館別館所蔵資料の複写版）

なお、以上の諸文書のほとんどは、次の既刊・近刊のマイクロ資料集に収められている。

M. Iokibe ed., *The Occupation of Japan:*

（I）*U. S. Planning Documents, 1942-1945*, Maruzen, Tokyo & CIS, Washington D.C., 1987.

（II）*U. S. and Allied Policy, 1945-1952*. 1989.

（III）*Reform, Economic Recovery and Peace, 1945-1952*, 1990.

124
リンカーン（George A. Lincoln）170
ロイヤル（Kenneth C. Royall）243
ロースト（Pieter K. Roest）210
ローズベルト（Franklin D. Roosevelt）18-21, 23, 30, 31, 44, 45, 50, 51, 53, 57-59, 86, 92, 93, 96-98, 108-111, 119, 120, 124, 126-129, 134, 146
ローズベルト（Theodore Roosevelt）95
ロベット（Robert A. Lovett）243
ロング（Breckinridge Long）59, 73

ワ　行

若槻礼次郎　65, 125, 137-141, 148
和田博雄　205

denbosch) 59
ヒトラー（Adolf Hitler） 92, 120
平沼騏一郎 64, 154, 158
平野力三 200, 228
広田弘毅 64
ファーズ（Charles B. Fahs） 48, 49
フォレスタル（James V. Forrestal） 126, 131, 243
ブレイクスリー（George H. Blakeslee） 47, 49, 58, 59, 67, 69, 191-193
ヘーゲル（Georg W. F. Hegel） 14, 181, 276
ベバーブルック（Lord Beaverbrook） 147
ホイットニー（Courtney Whitney） 176, 220, 236, 237, 241
細川護熙 229
ボートン（Hugh Borton） 47-52, 59, 62-66
ホプキンズ（Harry L. Hopkins） 110
ボーマン（Isaiah Bowman） 55, 58-61, 67
堀切善次郎 210
ホール（Robert B. Hall） 48
ボーレン（Charles E. Bohlen） 93, 124
ホーンベック（Stanley K. Hornbeck） 29, 30, 56, 59

マ 行

牧野伸顕 38
マクドナルド（J. Ramsay MacDonald） 139, 140
マクレイシュ（Archibald MacLeish） 59, 134
マーシャル（George C. Marshall） 137, 144, 170, 243
松岡洋右 64
マッカーサー（Douglas MacArthur） 14, 170, 171, 173-178, 187, 192-194, 197, 198, 202, 203, 206, 211, 218-220, 222, 224, 234-236, 238, 239, 241-245, 253
マックロイ（John J. McCloy） 59, 145, 146, 166
松平恒雄 65
松村謙三 205
松本烝治 206, 220
マン（Thomas Mann） 119, 120
宮澤喜一 247, 270
モーゲンソー（Henry Morgenthau, Jr.） 128

ヤ 行

山県有朋 62
山崎猛 240
山本五十六 138
吉田茂 14, 38, 175, 177, 183, 184, 187, 188, 220, 221, 237-241, 244-247, 251-255, 265-267, 269, 272, 276
米内光政 64, 153, 154

ラ 行

ライシャワー（Edwin O. Reischauer） 48, 49
ラデジンスキー（Wolf I. Ladejinsky） 206, 207
リーヒ（William D. Leahy）

タ　行

ナ　行

ハ　行

人名索引

ア 行

カ 行

サ 行

ヤ　行

ラ　行

ナ　行

ハ　行

マ　行

タ　行

事項索引

KODANSHA

本書は、一九八九年十二月、大阪書籍㈱より
刊行された同名の書を底本としました。

五百旗頭　真（いおきべ　まこと）

1943-2024年。兵庫県生まれ。京都大学大学院法学研究科修士課程修了。神戸大学教授，防衛大学校長，熊本県立大学理事長，兵庫県立大学理事長などを歴任。法学博士。専攻は政治外交史。著書に『米国の日本占領政策』（上下），『日本政治外交史』『占領期』『戦争・占領・講和1941～1955』『戦後日本外交史』（編著）などがある。

講談社学術文庫

定価はカバーに表示してあります。

日米戦争《にちべいせんそう》と戦後《せんご》日本《にほん》

五百旗頭《いおきべ》　真《まこと》

2005年5月10日　第1刷発行
2025年6月5日　第19刷発行

発行者　篠木和久
発行所　株式会社講談社
東京都文京区音羽2-12-21 〒112-8001
電話　編集（03）5395-3512
販売（03）5395-5817
業務（03）5395-3615

装　幀　蟹江征治
印　刷　株式会社ＫＰＳプロダクツ
製　本　株式会社国宝社
本文データ制作　講談社デジタル製作

ISBN4-06-159707-8

「講談社学術文庫」の刊行に当たって

これは、学術をポケットに入れることをモットーとして生まれた文庫である。学術は少年の心を養い、成年の心を満たす。その学術がポケットにはいる形で、万人のものになることは、生涯教育をうたう現代の理想である。

こうした考え方は、学術を巨大な城のように見る世間の常識に反するかもしれない。また、一部の人たちからは、学術の権威をおとすものと非難されるかもしれない。しかし、それはいずれも学術の新しい在り方を解しないものといわざるをえない。

学術は、まず魔術への挑戦から始まった。やがて、いわゆる常識をつぎつぎに改めていった。学術の権威は、幾百年、幾千年にわたる、苦しい戦いの成果である。こうしてきずきあげられた城が、一見して近づきがたいものにうつるのは、そのためである。しかし、学術の権威を、その形の上だけで判断してはならない。その生成のあとをかえりみれば、その根は常に人々の生活の中にあった。学術が大きな力たりうるのはそのためであって、生活をはなれた学術は、どこにもない。

開かれた社会といわれる現代にとって、これはまったく自明である。生活と学術との間に、もし距離があるとすれば、何をおいてもこれを埋めねばならない。もしこの距離が形の上の迷信からきているとすれば、その迷信をうち破らねばならぬ。

学術文庫は、内外の迷信を打破し、学術のために新しい天地をひらく意図をもって生まれた。文庫という小さい形と、学術という壮大な城とが、完全に両立するためには、なおいくらかの時を必要とするであろう。しかし、学術をポケットにした社会が、人間の生活にとってより豊かな社会であることは、たしかである。そうした社会の実現のために、文庫の世界に新しいジャンルを加えることができれば幸いである。

一九七六年六月　　野間省一

政治・経済・社会

511
社会主義
マックス・ウェーバー著／濱島《はましま》　朗《あきら》訳・解説

歴史は合理化の過程であるというウェーバーは、マルクスの所有理論に基づく資本主義批判に対して、支配の社会学が欠如していることを指摘し、社会主義の歴史的宿命は官僚制の強大化であると批判する。

730
スモール イズ ビューティフル　人間中心の経済学
E・F・シューマッハー著／小島慶三・酒井　懋《つとむ》訳

一九七三年、著者が本書で警告した石油危機はたちまち現実のものとなった。現代の物質至上主義と科学技術の巨大信仰を痛撃しながら、体制を超えた産業社会の病根を抉った、予言に満ちた知的革新の名著。

873・874
社会分業論（上）（下）
E・デュルケム著／井伊玄太郎訳

機械的連帯から有機的連帯へ。個人と社会との関係において分業の果たす役割を解明し、幸福の増進と分業との相関をふまえ分業の病理を探る。闘争なき人類社会への道を展望するフランス社会学理論の歴史的名著。

1122
世界経済史
中村勝己著

ギリシア・ローマの古代から中世を経て近代に至る東西の経済発達史を解説。とくに資本主義の成立とその後の危機を掘り下げ、激変する世界経済の行方を示す好著。経済の歩みで辿る人類の歴史——刮目の経済史。

1130
昭和恐慌と経済政策
中村隆英著

経済史の泰斗が大不況の真相を具体的に解明。金輸出解禁をきっかけに勃発した昭和恐慌。その背景には井上準之助蔵相の緊縮財政と政党間の対立抗争があった。平成不況の実像をも歴史的に分析した刮目の書。

1207
経済史の理論
J・R・ヒックス著／新保　博・渡辺文夫訳

古代ギリシアの都市国家を分析し、慣習による非市場経済から商人経済が誕生した背景を証明。その後の市場経済の発展と、現代の計画経済との並立を論述した名著。理論経済学の泰斗が説いた独自の経済史論。

政治・経済・社会

1280

アダム・スミス 自由主義とは何か

水田　洋著

自由主義経済の父A・スミスの思想と生涯。英国の資本主義勃興期に「見えざる手」による導きを唱え、経済学の始祖となったA・スミス。その人生と主著『国富論』や『道徳感情論』誕生の背景と思想に迫る。

1425

スモール　イズ　ビューティフル再論

E・F・シューマッハー著／酒井　懋《つとむ》訳

人間中心の経済学を唱えた著者独特の随筆集。ベストセラー『スモール　イズ　ビューティフル』以後に雑誌に発表された論文をまとめたもの。人類にとって本当の幸福とは何かを考察し、物質主義を徹底批判する。

1440

恋愛と贅沢と資本主義

ヴェルナー・ゾンバルト著／金森誠也訳

資本主義はいかなる要因で成立・発展したか。著者はかつてM・ウェーバーと並び称された経済史家。「贅沢こそが資本主義の生みの親の一人であり、人々を贅沢へと向かわせたのは女性」と断じたユニークな論考。

電Ⓟ

1465

プラトンの呪縛

佐々木　毅著

理想国家の提唱者か、全体主義の擁護者か。西欧思想の定立者・プラトンをめぐる論戦を通して、二十世紀の哲学と政治思想の潮流を検証し、現代社会に警鐘を鳴らす注目作。和辻哲郎文化賞、読売論壇賞受賞。

電Ⓟ

1604

現代政治学入門

バーナード・クリック著／添谷育志・金田耕一訳（解説・藤原帰一）

「政治不在」の時代に追究する、政治の根源。政治は何をなしうるか。我々は政治に何をなしうるか。そして政治とは何か。現代社会の基本教養・政治学の最良の入門書として英国で定評を得る一冊、待望の文庫化。

1689

君主論

ニッコロ・マキアヴェッリ著／佐々木　毅全訳注

大文字版

近代政治学の名著を平易に全訳した大文字版。乱世のルネサンス期、フィレンツェの外交官として活躍したマキアヴェッリ。その代表作『君主論』を第一人者が全訳し、権力の獲得と維持、喪失の原因を探る。

電Ⓟ

政治・経済・社会

1700
根井雅弘著
経済学の歴史

スミス以降、経済学を築いた人と思想の全貌。創始者のケネー、スミスからマルクスを経てケインズ、シュンペーター、ガルブレイスに至る十二人の経済学者の生涯と理論を解説。珠玉の思想と哲学を発掘する力作。電P

1930
青木昌彦著
比較制度分析序説
経済システムの進化と多元性

普遍的な経済システムはありえない。アメリカ型モデルはどう進化していくか。日本はどう「変革」すべきか。制度や企業組織の多元性から経済利益を生み出すための「多様性の経済学」を、第一人者が解説する。電P

1935
秋元英一著（解説・林　敏彦）
世界大恐慌
1929年に何がおこったか

一九二九年、ニューヨーク株式市場の大暴落から始まった世界的大恐慌。株価は七分の一に下落、銀行倒産六千件、失業者一千万人。難解な専門用語や数式を用いず、庶民の目に映った米国の経済破綻と混乱を再現。電P

1956
中根千枝著
タテ社会の力学

不朽の日本人論『タテ社会の人間関係』で「タテ社会」というモデルを提示した著者が、全人格的参加、無差別平等主義、儀礼的序列、とりまきの構造等の事例から日本社会のネットワークを描き出した社会学の名著。電P

1965
藤澤房俊著（解説・武谷なおみ）
シチリア・マフィアの世界

名誉、沈黙、民衆運動、ファシズム……。大土地所有制下、十八世紀に台頭した農村ブルジョア層は、暴力と脅迫でイタリア近・現代政治を支配した。過酷な風土と圧政が育んだ謎の組織の誕生と発展の歴史を辿る。電P

1997
ヴェルナー・ゾンバルト著／金森誠也訳
戦争と資本主義

軍需による財政拡大は資本形成を促し、武器の近代化は産業の成長をもたらす。戦争なくして資本主義はなかった——。近代軍隊の発生から十八世紀末にかけて、戦争が育んだ資本主義経済の実像を鋭く論究する。電P

政治・経済・社会

2027
麻田貞雄編・訳
マハン海上権力論集
国家の繁栄にはシーレーン確保や海軍力増強が重要になる――。二十世紀初頭、列強海軍に多大な影響を与えた「海上権力論」。海の可能性が再び注目される今、大きな示唆に富む独創的海上戦略構想を読みなおす！

電P

2090
レーニン著／角田安正訳（解説・白井　聡）
国家と革命
世界を震撼させたロシア十月革命の指導者による革命権力マニフェスト。代議制の欺瞞を暴き立て、直接民主主義の徹底を訴えてあらゆる妥協論を弾劾する。原則を忘れたい我々をおびやかす、歴史的挑発の書。

2091
マックス・ウェーバー著／濱嶋　朗訳（解説・橋本　努）
権力と支配
希望はカリスマを生む。だがそれは日常化する――。支配する側よりも、服従する側の動機、正当性のタイプから「支配」の本質に迫るスリリングな論考。官僚制化の必然を感じ取らせる、社会科学の必読入門書。

2100
ジョン・メイナード・ケインズ著／山形浩生訳
雇用、利子、お金の一般理論
なぜ市場は機能しなくなることがあるのか。この問いに正面から挑み、ついにマクロ経済学を誕生させた、この社会科学史上の偉業を正確かつ明快な訳文で。クルーグマンの序文とヒックスの関連重要論文も収録。

電P

2116
橋爪大三郎著
政治の教室
日本人に民主主義は可能なのか？　民主主義を手づくりするには、何からはじめればいいのか？　「民主主義は最高の政治制度である」と唱える社会学者の手による、実践に向けた〈政治〉の教科書、決定版！

電P

2138
佐々木　毅著
よみがえる古代思想
「哲学と政治」講義Ⅰ
古代ギリシア最大の悪徳「ヒュブリス」とは。ローマの政治家はなぜ哲学を嫌ったのか。「政治と人生」について根源的に考える時、人は古代の思想に立ち戻らざるを得ない。政治学の泰斗が語る「政治の本質」。
電P